微言"健"谈
——上市公司总裁的管理智慧

唐崇健 著

机械工业出版社

管理既是科学又是艺术，管理贵在知行合一。如何做一个高效的管理者，是一个仁者见仁、智者见智的永恒话题！作者通过 30 余年的工作积淀、三家上市公司总裁的管理体验，以全新的视角和不同的经纬度，探讨了如何管好企业、管好自己，阐释了销售的价值、创新的本质，分享了人生的感悟、职场的智慧。

本书共分为六章，涵盖了企业治理、领导艺术、营销之道、时间和成本管理、职场智慧和生活哲思等方面内容。本书内容短小精悍却意味隽永，言辞质朴却明察秋毫，紧跟时代发展潮流又饱含真知灼见，每一章的"静听健谈"部分更是根据作者的职场经历与生活经验写成，迸发着智慧的火花，值得当下每一位企业管理者、销售人员、职场人士细细品读。

图书在版编目（CIP）数据

微言"健"谈：上市公司总裁的管理智慧／唐崇健 著.
—北京：机械工业出版社，2020.3
ISBN 978-7-111-65071-3

Ⅰ.①微⋯ Ⅱ.①唐⋯ Ⅲ.①上市公司-企业领导学-研究-中国 Ⅳ.①F279.246

中国版本图书馆 CIP 数据核字（2020）第 041381 号

机械工业出版社（北京市百万庄大街 22 号　邮政编码 100037）
策划编辑：刘怡丹　　责任编辑：刘怡丹　何　洋
责任校对：李　伟　　责任印制：孙　炜
保定市中画美凯印刷有限公司印刷

2020 年 4 月第 1 版・第 1 次印刷
170mm×230mm・13.25 印张・1 插页・161 千字
标准书号：ISBN 978-7-111-65071-3
定价：59.00 元

电话服务　　　　　　　　　　　网络服务
客服电话：010-88361066　　　机 工 官 网：www.cmpbook.com
　　　　　010-88379833　　　机 工 官 博：weibo.com/cmp1952
　　　　　010-68326294　　　金　书　网：www.golden-book.com
封底无防伪标均为盗版　　　　　机工教育服务网：www.cmpedu.com

推荐序

微语,一种润物细无声的感知

唐崇健又出新书了。他是我的朋友圈中少有的勤于思考者,尽管每天有很多具体的管理工作,但他仍然每天准时地在微信和微博里将自己观察的点点滴滴分享给认识的朋友和不认识的朋友。我就是受益者之一。当这些点点滴滴的涓流汇成江海,都写进了一本书中时,才让我们更清楚地看到了那些"微语"的内在逻辑与深度思考。

作为一位老朋友以及本书最早的读者之一,我谈一下对这本书的观感:

第一,知行合一。看到整理成书稿的"微语"时,我比较佩服作者的一点是,他并不是一个纯粹的理论家和学者,而是一位一线的CEO,每天都要与各种具体事务打交道,而他的"微语"基本上都是来自自己在实践中的直接体验和零距离观察。其中,有的语言看起来平平常常,而我跟他谈及此事的时候,才会发现,这些其实是一种直接经历的体悟，一种用"心"驱动着"行"、用"行"来感受"知"的智慧。用他自己的话说："生命如花，有着它特有的活力与规律，只有用心灵去感悟，才能真正触碰到它的深处。"我想，这正是作者能够如鱼得水般活跃于管理领域的缘由。

第二，见微知著。尽管汇集成书，但我们仍然感到这本书有点像格言小册子，内容都是一小段一小段的，这正是他的细微观察之果。唐总是一个很善于观察细节也很重视细节的人，从细微之处发掘深刻的意义是他的特长或本能。这恰恰也是本书的意义所在。有意义的句子不一定很长，而是看这些文字能够承载怎样的能量。读唐总的文字比较放松的地方就在这里，但是又常常有点累，因为需要思考他写这些文字的背景是什么，他想表达什么。他是一位行者，善于从一花一草中洞察世界的深处。

第三，持之以恒。就像作者所言："勤，改变命运；善，改变人生。勤快的人，必有好运。"他本人就是一个非常勤快的人，无论是在飞机上还是在办公室、无论是在家里还是在车间、无论是在运动中还是在静思中，他都能不间断地将流淌的思想迅速汇集在手机或计算机上。可以说，勤且坚持，让我们看到了这样一本有特色、有内涵的书，也让他本人获得了充沛的精力和管理的成果。

我真诚地希望，拿到本书的读者能够在阅读过程中，发掘其纸外的深刻意义。

周永亮博士
国装智库秘书长、坚持创新学院院长
2020年2月于北京

前言

"快"时代的思考

我们已经进入新时代!这个时代的一个显著特征是"快"。产品更迭变快、物流交通更快、信息传播超快、生活节奏加快……我们能够感受到的一切都在变快,快到目不暇接,快到难以适应,快到来不及思考。

世上只有"不一定"是一定的,而"一定"往往是不一定的。世界如此之大,变化如此之快,我们作为普通人,难以触及国家和人类发展的思想高度,唯有在平凡的工作和生活中,从"不确定"中寻找"定数",多去思考关于自身的价值定位和人生方向,做到不忘初心、不移本心。有时候,思考能让我们投身于那些能带来改变的行动中,同时,我们还可以享受思考留下的印记而快乐,让我们每天的生活更有意义。

快时代,我们要有自思之明。

亚里士多德说,人生最终的价值在于觉醒和思考的能力,而不在于生存。也就是说，认知力决定了你的个人能力大小。所谓认知力，无非就是对世界万物的判断，你的判断越接近事实，你的认知力就越强。在形势纷繁复杂的当下，面对充满诸多不确定的未来，我们要思考两个关于未来发展的问题：一是未来企业如何立足；二是未来个人如何立足。

世间万事万物都有规律和节点，万物凋零之时，也是万物重生之日。不能因为共享单车发展得不好了，就说共享经济不行了；不能因为某些平台关闭了，就说P2P不行了；不能因为币圈崩塌了，就说区块链不行了……因为大破必有大立！时代就像大浪淘沙，历史证明，从来没有摆在眼前闪闪发光的金子，只有被风浪冲刷出来的金子。对于创业者来说，2020年是最有挑战但也是最有希望的一年。因为有很多凑热闹的人都在退出，只有对所处行业充满热爱的人在坚持，只要热爱就一定要坚持，坚持下去就一定会迎来黎明。

有人研究近20年房地产和互联网两个行业的发展规律，总结出商业变化的趋势：企业千方百计获取客户的时代已经过去了，未来必须拥有一种深度服务客户的能力。"流量思维"已不再适用，未来比拼的是"留量思维"。简而言之，之前我们思考的问题是如何把客户从1000个发展成10000个，乃至100000个；而现在，我们思考的问题是如何把这1000个客户服务得更加深入、细致，让他们无法避开我们，并且能让他们自行增长。

世间过客匆匆，人们来来往往，并且频率越来越快，比"吸引"更重要的是"留下"。如何用你的商品或者服务成全你的客户？这才是企业要思考的终极问题。未来的企业，营销变得越来越不重要，做好产品和服务最重要。因为靠噱头吸引人的，只是昙花一现；靠施舍吸引别人的，很容易被背叛……要是再试图通过某种手段来吸引客户，必然会失败。营销的升级就像恋爱的升级：之前的你，总想打扮得花枝招展，只为了让她在人群中多看你一眼；现在的你，需要经过千锤百炼，让她流连忘返。

只有创造价值，才有存在价值。我们要明白：人与人之间唯一长久的关系，不是"喜欢"和"被喜欢"，不是"依靠"和"被依靠"，不是"馈赠"和"被馈赠"，而是"成全"与"被成全"。留住一个人的最好办法就是成全他，做人如此，做企业亦如此。

快时代，我们要有自强之志。

只有奋斗才是永恒的。如果用一个词总结从古至今中国人的特点，再也找不到一个词比"奋斗"更贴切了！不忘初心，砥砺前行；但行好事，莫问前程。这或许是我们最好的出路。

最有前途的人，不一定是现在最有成就的人，而是最会自我驱动的人。事实上，对于习惯了自我驱动的人来说，成就只是一个必然产生的副产品。与压力不同的是，自驱力来自根植于心底的信念。强大的自驱力会让人享受挑战、创造价值，一点点地挣到自己渴望的机会，即使在没有外力的情况下，它也能把人拉出舒适区。

成功不是靠奇迹，而是靠轨迹。不是井里没水，是你挖得不够深；不是成功来得慢，是你放弃得快。对所热爱的事情要不遗余力，只要开始行动，你就胜过了大多数人。没有人希望自己被淘汰，与其埋怨怀才不遇、感慨时运不济，倒不如行动起来，开始自我管理、学会投资人生。要知道，每一种你向往的生活背后，都有你不曾吃过的苦。别敷衍生活，从现在开始，让好习惯丰富你的生命底色。如果你真的想做一件事情，那么，就算障碍重重，你也会想尽一切办法去实现它；但若你不是真心想要去完成一件事情，那么纵使前方道路平坦，你也会想尽一切理由阻止自己向前。路走错了，可以换一条，但不挪动脚步，就会困在原地。

如果你有一个宏大的目标，不要急于为目标的遥远而焦急，先把它拆分成一个个小目标，再把小目标拆分成一个个迷你目标，然后行动，先完成离你最近的那个迷你目标就好了。努力是一件特别需要沉下心来、长久坚持的事，需要一个人单打独斗，忍受无数个孤独和寂寞的日子。当你真正发自内心想要做成某件事，就不会太在乎要不要"晒"给别人看。真正努力的人，都很低调；成功的人，努力都是悄无声息的，因为他们没时间感动自己。

对未来越有信心，对当下越有耐心。只有当你"耐得住"时，你才能沉得住气，完成那些更大的挑战。毕竟，从来没有一蹴而就的事情。所以，无论走多远，千万别把"耐得住"这个品质丢掉。没有付出过一万小时的努力，就不足以谈人生。

快时代，我们要有自省之智。

我们的思考能力是自己唯一能完全控制的东西。把人的思想当作一块土地，成功者辛勤耕耘，硕果累累；失败者则让它荒芜，任由杂草丛生。曾子曰："吾日三省吾身。"世道纷纭，熙熙攘攘，心为外利所动，必会失去真我；物欲横流，人心不古，心为外欲所控，必然错乱本质。在喧嚣的生活中，我们要留下静心反思的时间，思考如何让自己坚守本源、内心充盈、情绪饱满，做一个自信乐观的人、做一个内心平和的人、做一个谦虚大方的人、做一个甘于奉献的人、做一个充满人格魅力的人！

诚信是一个人的立身之本。一个有诚信的人，再难也有人帮助；一个守信用的人，再穷也有人尊重。做人最基本的就是要讲信用，千万别言而无信，欺骗他人。骗取别人的信任，利用别人的真心，这样的人不可深交。

感恩是一个人最基本的修养，是一个人对他人的回馈，是一颗心对热心的报答。一个心地不善、不懂感恩的人，常常不会记住别人的好。你帮助他，他认为理所当然；你忍让他，他反而变本加厉。不感激他人的帮助，把恩情抛之脑后，这样的人不可深交。

快乐是人性所趋。生活中是苦是乐，主要取决于我们的心境。在欢乐的氛围中得到的快乐，并非真正的快乐；在艰苦的困境中仍能保持快乐的心情，才是人的本性中快乐的真正境界。"行到水穷处，坐看云起时"，山穷水尽时还能找到快乐的人，才是真正洒脱、有智慧的人。

快时代，我们要有自律之规。

世事变化，初心不变。未来对于个人来说，自由时间越来越多、自由空间越来越大，因此自我管理能力也尤为重要。自我管理是一种自我约束，也是一种自我发掘，这一点任何人都帮不了你，只能靠自己历练和修行。

未来，个人的贬值速度将大大加快，因为时代变化越快，每个人不断再学习和再出发的频率就越高。所以，不仅产品要迭代，我们每个人也要不断迭代，不断地学习和反省自己，不断地通过实践强化自己。

人心只是方寸之地，有时候心很大，有时候心也很小，是理解、包容，还是猜忌、挤兑，往往在一念之间。关键看你能否秉持爱心、主动沟通，以容己之心容人，以克人之心克己，学会打开人与人之间的那扇"心门"。爱心能够传递正能量，坦诚能够赢得真朋友。

每个人心中都要有一个"道德的天平"，时常把自己的良心称一称，才能时刻保持警醒，做到上不亏德、中不亏心、下不亏行。因此，做事要坚持公心，做到"不缺位，也不越位"；做人要坚守良心，做到"不欺人，也不自欺"。心中有爱、目中有人、行中有善是人生至高境界。

快时代，我们要有自学之恒。

腹有诗书气自华！三毛曾说："读书多了，容颜自然改变。许多时候，自己可能以为许多看过的书籍都成过眼烟云，不复记忆，其实它们仍是潜在的，在气质里、在谈吐上、在胸襟上，当然也可能显露在生活和文字中。"

阅读何以有这样的力量？一位作家曾指出，阅读实际上会给予人两种收获：一种是通过读书，知道自己原来不知道的东西；另一种是通过读书触发反思，知道自己本来就有的东西，并激活它。前者是知识，后者是智慧。越是走在人生的"三岔口"，越是面临困难和选择之时，阅读的力量就越能显现出来。

翻一下中国历史就知道了，那些凡是企图把财富直接留给后代，让他们继续坐享其成的人，没有一个是得逞的；还可以发现，那些后人可以继续发光发热的家族，往往都是因为传承了爱读书或者其他某个良好习惯。所以，我国讲究的不是财富传承，而是文化传承。比如，曾国藩用上千封家书确保了整个家族浓厚的文化氛围，子孙后代昌盛。

书籍并非装点门面的饰品，而是精神的营养品。不能与书籍独处，只会让人生之路走向狭隘，甚至禁锢心灵；浸染书香，才能让我们驶向无限广阔的海洋，让人生气象万千。书的内容可以变成一块小小的硬盘，书的香味却是只有捧起书来才能闻到的，我们哪里离得开书香？书香注定是一种清寂之味，只被寂寞的灵魂悄悄喜欢。

世界是日新月异的，信息是千变万化的。"知识像鲜鱼一样"，我们得时时点检它有没有变坏。一个人认真读过的书，早已融进他的灵魂，沉淀成智慧和情感，尽管读书并不一定能给我们带来现实的利益和好处，却可以避免被琐屑的生活打磨得麻木不仁。读书，是为了成为一个有温度、懂情趣、会思考的人。

快时代，我们要有自爱之心。

美无处不在！所谓的优质人生，就是能把有限的时间都用在优质的东西和事情上，在生活中充满好奇心，时刻感知美、创造美。

在自媒体发达的信息时代，在繁忙而充实的工作之余，我坚持每天更新自己的微博、微信和博客。我不知道我的观点和文章会触及谁的生活、谁的工作，我也不会知道我将引发什么改变，会有什么影响，而我知道的是我可以带来改变，我可以创造一段美好的轨迹，留下一个比原来更好的世界。

我们要更深入地思考关于价值的问题——过去的价值、现在的价值和将来的价值。我会绞尽脑汁地思考生命中更深层的意义、触及心灵的意义。对如何留下持久微博、微信印记的追寻过程，就是一个人从成功到卓越的转变过程。

爱己才能及人！我用自己的经历、自己的思考，精心编辑，真诚地为大家奉献一本能够静下心来阅读的书。我希望，读者朋友们能和我产生心灵共振，从中得到收益！

唐崇健

2020 年 2 月 29 日于南宁

目 录

推荐序

前 言

第 1 章
企业治理

第 1 节　企业发展 / 002

第 2 节　制度建设 / 006

第 3 节　团队建设 / 007

第 4 节　经营管理 / 010

第 5 节　企业创新 / 013

静听健谈

1. 管理的本质（一）：管理其实很简单 / 017
2. 管理的本质（二）：解决问题 / 018
3. 管理的本质（三）：预测未来加以防范 / 019
4. 管理就是"管+理" / 021
5. 管理需要爱与规则 / 022
6. 优秀企业的共同特征 / 024
7. 企业文化，就是要养成一个好习惯 / 025
8. 企业管理可怕的"七有" / 027
9. 创新的基础是广泛实践 / 028
10. 产品研发，重在"价值" / 029
11. 企业创新要跨界 / 030
12. 企业管理中的情、理、法 / 031

第2章
领导艺术

第1节　管理之道 / 034

第2节　领导力与执行力 / 037

第3节　如何成为优秀管理者？ / 039

第4节　如何管理好你的员工？ / 045

第5节　如何管理好你的团队？ / 049

静听健谈

1. 管理者要经常进行反思管理 / 052
2. 管理大师的认知与共识 / 053
3. 管理的误区 / 053
4. 管理者切忌四种毛病 / 055
5. 管理者要明白，忙碌不一定等于成效 / 056
6. 管理者的窗口和镜子 / 057
7. 脾气好的领导，不一定是好领导 / 058
8. 领导力要靠自己来努力 / 059
9. 管理者要高度关注负向管理 / 060
10. 管理者的重要使命之一就是"带兵" / 061
11. 管理要"求真务实" / 062
12. 关于培养"人才"的六个关键词 / 063

第3章
营销之道

第1节　什么是销售？ / 066

第2节　如何成为一名优秀销售员？ / 067

第3节　如何销售产品？ / 072

第4节　如何开拓客户？ / 076

第5节　如何拜访客户？ / 077

静听健谈

1. 销售的再定义和销售模式的再反思 / 081
2. 四点助你成为优秀销售员 / 083
3. 人脉关系的建立：关键不是你认识谁，而是谁认识你 / 086
4. 面对销售指标，应该怎么想和怎么做 / 087
5. 销售本身创造了需求 / 089
6. 销售工作的实质 / 090
7. 没有干不好的销售 / 091
8. 销售成功需要爱 / 093
9. 把销售当作自己的事业 / 094
10. 成功的销售与价格无关 / 095

第4章
时间和成本管理

第1节　学会时间管理 /098

第2节　学会成本管理 /103

第3节　时间物语 /105

第4节　岁月哲思 /110

静听健谈

1. 时间的力量 /113
2. 优秀的人，都珍惜时间 /113
3. 时间是最公平的资源 /115
4. 一寸光阴一寸金 /116
5. 管理你的时间 /116
6. 时间管理的有效原则 /117
7. 每一天都是新的 /119
8. 永远，到底有多远 /120
9. 质变来自量变的积累 /122
10. 生活需要重复，但不能重蹈覆辙 /122
11. 你的精力分配决定了你的层次 /124
12. 今天很伟大，是因为有未来 /124

第5章
职场智慧

第1节　职场之道 /128

第2节　如何有效工作？ /130

第3节　你需要成为什么样的员工？ /133

第4节　团队合作 /136

第5节　企业文化 /138

静听健谈

1. 工作要有敬畏之心 /140
2. 学习力就是竞争力 /141
3. 复杂的事情简单做 /142
4. 技艺要学 /144
5. 出色的工作产生于专注 /145
6. 努力方式比努力更重要 /146
7. 改变命运，首先要改变自己的内心 /147
8. 相信相信的力量 /148
9. 知识会让你生活得充实和有趣 /149
10. 人品是最硬的底牌 /150
11. 欲生存，质先行 /151
12. 所有的成功都是有原因的 /152

第6章
生活哲思

第1节 个人成长 /156

第2节 人际交往 /161

第3节 处世哲学 /163

第4节 生活灼见 /167

静听健谈

1. 自信使你的人生更精彩 /172
2. 成功就是比别人多付出一点 /173
3. 人生，总在得失之间 /174
4. 人生，就是一场与自己的较量 /175
5. 人生最好的保鲜就是不断进步 /176
6. 知与思 /177
7. 聪明是生存能力，智慧是生存境界 /178
8. 学会简单，其实真不简单 /179
9. 道理是直的，但道路经常是弯的 /181
10. 宽心做人，舍得做事 /182
11. 生活中的"断、舍、离" /183
12. 没有行动的目标，永远是梦想 /184

后　记

第 1 章

企业治理

Chapter
One

第 1 节　企业发展

【企业发展的三种基本类型】 ①重"力",集中力量发展生产能力,在低层次模仿扩张,这类企业不可持续;②重"智",重视科技研发和应用,逐步走向中高端,这类企业可稳健增长;③重"势",把握战略大势,顺应时代潮流,这类企业将快速持续发展。

【企业的核心任务是创造顾客价值】"现代管理学之父"彼得·德鲁克(Peter F. Drucker)认为,企业的核心任务是创造顾客价值。这里强调的是"创造",而不是简单地满足顾客。创造顾客价值是企业的根本目的,赚钱则是创造顾客价值的副产品,这里的本质是"利他"。

【企业"三积累"】 ①人才积累,人才是企业最大的财富,是企业扩张的基本条件,有多大的团队做多大的事;②信用与品牌积累,重信守约是企业的生命,信用比利润更重要,良好的市场感召力和社会影响力是企业的百年根基;③能力与经验积累,包括决策、融资、创新能力和企业价值观、思想文化积累等。

【企业发展需要做要素整合】 企业应该把资金、技术、人才、市场、创新、生产、企业内外产业链等面向市场竞争的所有资源和要素有效整合起来，才能在市场竞争中获胜。这是管理的价值，也是管理的目标。

【企业家的"三只眼睛"】企业家只有两只眼睛不行，还必须有第三只眼睛：一只眼睛盯住内部管理，最大限度地调动员工积极性；另一只眼睛盯住市场变化，策划创新行为；第三只眼睛盯住国家宏观调控政策，以便抓住机遇，超前发展。

【企业成功的要领】①一定会创新；②有非常强的危机意识；③最高领导者的坚持；④明白顾客需要的就是企业的真正追求。

【优秀企业的三大价值原则】①经营价值：一切不能直接产生经营价值的管理行为都有可能是一种浪费；②顾客价值：顾客的体验、感受高于一切，牺牲顾客价值的企业最终将被市场淘汰；③团队价值：凡是损害团队价值的个人，无论多么优秀都将被摒弃。

【赚钱企业与值钱企业的区别】赚钱企业以利润为中心，为前向利润，主要关注企业当前的利润；值钱企业以价值为中心，为后向利润，主要关注增加企业现金流，包括当前和未来的现金流。现金流源源不断，持续利润是必然结果。

【企业落后的主要原因】不是落后于竞争对手，而是落后于顾客需求。市场需求是不断变化的，竞争的关键在于谁更能及时满足顾客需求，谁更受顾客喜爱。企业真正的核心能力是进化力，而竞争是为了不断自我进化。

【企业衰败的五大特征】①员工收入不增反减，士气低迷，核心人才大量流失；②无主力可用：军中无大将，企业就没有跨越发展的机会；③中层无能：比没有大将更可怕的是企业的中层没有想法和目标；④员工贪图私利、工作慵懒、松懈、毫无斗志；⑤老板思维保守、任人唯亲、决策乏力。

【企业发展四大硬伤】①大部分老板忙碌，但不是忙于未来的战略，而是忙于昨天的问题；②大部分领导绩效差，不是错在做事，而是错在用人；③大部分企业做不大，原因不在于愿景，而在于基因（系统不健全）；④大部分精英对现状不满，不是因为没有好职位，而是信息不对称。

【很多企业的产品质量为什么搞不好】原因在于缺乏严谨的工匠精神。企业不能盲目学习和引进日本式管理。日式管理最值得学习的是一种精神，而不是具体做法。这种精神就是匠人精神。在日本人的概念里，从60%提高到99%，和从99%提高到99.99%是一个概念。他们不跟别人较劲，跟自己较劲。

【企业竞争本质：知识产生和转化的效率】将有知识的工作者变成真正能够产生和转化知识的工作者，需要企业彻底变革现有的以执行为中心的管理和运作系统，变成以探索和创新为中心的管理和运作系统。一个传统行业，也可以由知识驱动。事实上，越是看起来技术含量不高的行业，越有通过知识注入提高竞争力的机会。

【企业的核心竞争力】①过硬的产品；②靠谱的人员；③有竞争力的模式和规则。

【企业如何培育自身的核心竞争力】企业如果有一项独一无二的产品或技术，就有了核心竞争力和强大的生命力。坚持"人无我有、人有我优、人优我特"是企业家要不断深入思考的问题。企业要想走得更远，必须做好以下六点：稳住底盘、适时扩张、全面内控、不断创新、培训人才和海外拓展。

【企业如何有效应对市场竞争】企业作为一个利益组织，没有一个团体可以逾越"竞争"这个话题。在竞争的过程中，无论是争夺民心还是跑马圈地，无论是建立利益同盟还是单刀搅局，企业组织的目标都是要在市场上取得绝对的优势和主动。这就是竞争的本质。因为竞争是动态的，只有在对垒或者合作中具有优势或者占据主动，竞争的结果才有利我的价值。

【企业如何实行资源置换】每个企业都有各自的资源，企业间要进行资源置换，用我的优势资源换取你的优势资源，通过资源整合共同为第三方提供价值，从而获得"三赢"。这是一种新的商业模式，由互补的双方或多方进行资源整合，创造新的价值。

【企业如何成为产业价值链的组织者】首先要打造企业的核心产品和核心能力，在这个基础上整合上下游供应链和专业合作者的价值能力，共同为用户社区提供解决方案的整体服务，最终形成相对垄断的产业生态系统。

【企业要从跟随者转变为超越者】超越，就是要做好一些实实在在的事。比如：市场开发要精耕；顾客服务要精致；人才培养要精心；成本管理要精细；产品质量要精品；现场管理要精雕；技术创新要精美。

【企业发展要严防失衡】 产品是企业的心脏，销售现金流是企业的血液，厂房设备硬件是企业的骨骼，技术、质量是企业的肌肉。产品不行就是企业得了心脏病，厂房设备硬件薄弱就是企业得了软骨病，技术、质量不好就会导致企业无力发展。这四个方面中的任何一方面失衡，都会导致严重问题。

第 2 节　制度建设

【企业管理中的人情与制度】 在企业管理中，人情过度、人性放则无规矩，所以要有制度；制度酷、人性堵则无创造，所以要有人情。只有人情与制度配合得恰到好处，才能最大限度地激发员工的潜能。

【制度建设精要】 ①制度要简化，流程要细化，标准要明化；②员工参与制定规则，认同第一，执行第二；③制度要硬，文化要软，双管齐下，否则作废；④制度不在于建设，而在于检查与激励；⑤制度就是激发人性向善的力量；⑥制度要以激励为主，永远要奖大于罚。

【制度管理】 ①管理混乱的起点是权、责、利不清晰，有内耗就没有绩效；②有制度、无监督就不会落地执行，如 ISO 9000 就是一种良好的制度；③没有制度的文化是口号，没有文化的制度是镣铐；④流程是河道，制度是堤坝，流程不畅，执行就没有效率；⑤制度建设必须先僵化、优化、再固化；⑥敬畏制度是管理的核心。

【如何推行制度】①高层坚定：推行任何管理制度都应从上往下逐步推进，以身作则是唯一法则，要坚决消灭特权主义和官僚作风，唯有管理者遵循才能推动制度落地；②中层共识：中层之间必须达成共识，认同第一，奖罚分明，制度执行决胜于中层，中层没有问题，基层就好解决；③基层贯彻：检查和激励是保障基层执行的两大法则，没有检查与激励就不可能执行到位。没有坚持与激励的制度是没有生命力的制度。

【企业必须从重视考核转向重视激励】没有好的激励，员工动力不强；员工动力不强，就不会有好的绩效结果；没有好的绩效结果，考核自然失去存在的意义。因此，成绩不是考核出来的，而是激励出来的！

【企业懒人机制】①薪酬是相对固定的，做多做少、做好做坏在薪酬上都差不多；②目标是想出来的，所谓目标只是想法、任务，与自己的关系不大；③文化停留在墙头、口头，没有进入员工心头，缺乏沉淀不能形成习惯；④以工作时间来衡量敬业精神，重考勤、轻考核，买的是员工时间而非价值；⑤老板一直在"画饼"，但是没有及时兑现，那么员工不是离职就是变为"老油条"了。

第 3 节　团队建设

【企业发展：人的重要性】企业的一切发展受制于人。人才的复制循环是最大的资产，也是最大的损耗。舍不得在"人"上下功夫，就得在"事"上费功夫。领导者的责任不是领导"事",而是领导"人"。企业的后劲在于培育接班人的力度和速度。

【企业经营要从经营产品走向经营人才】经营人才比经营产品更重要。经营产品是基础,首先要把产品做好,为顾客创造实用价值。但产品是人做的,在经营产品过程中,应将人才队伍经营好;反过来,通过经营人才,确保产品经营得更好。

【公司有三种人:人手、人才、人物】①人手就是安排什么做什么,不安排绝对不做,等着下达命令的人;②人才就是每天发自内心做事,为公司操心的人;③人物就是全神投入,用灵魂做事,要与老板一起做一番事业的人。企业倒闭靠人手;企业发展靠人才;企业做大靠人物。

【企业需要何种人才】人才是利润最高的商品,能够经营好人才的企业最终是大赢家。企业需要各种各样的人才,但最主要的是三种人才:①能独立做好一摊事的人;②能带领一班人做好事的人;③能审时度势,具备一眼看到底的能力,制定战略的人。

【企业家必须经常深刻反思的三个问题】①企业发展需要一个什么样的高级人才清单?②如何寻找、吸引一流人才加盟?③最适合企业的高级管理人才和战略级合伙人由谁判定以及如何判定?

【企业的竞争是人才机制的竞争】优秀的人才是免费的,而平庸的人才是昂贵的。不怕人才流失,最怕的是没有留人的机制;不怕优秀的人才离开,最怕的是平庸的员工留下,企业进入"老人文化"。企业之间的竞争是人才之间竞争,而本质是人才机制的竞争。

【企业如何培训员工】企业培训员工一般注重业务培训，这是必需的，提高员工的知识和技能已成为当务之急。相对于业务培训，更为重要的是职业素质的培训，应该放在培训的首位。职业素质的核心是工作责任心，责任心起到决定性的作用。

【企业如何激发员工的热情和能力】①价值观的教育，通过形成共有并一体化的价值观，持久激发员工的工作热情；②个性能力的开发，通过多样化的培训和转换岗位，积极开发员工的个性化能力，从根本上提升员工的凝聚力和创造力。

【不要让员工的勤劳掩盖了能力的缺陷】勤劳的员工在企业总能获得领导的青睐，中国人也习惯遵循古训："勤能补拙""业精于勤，荒于嬉"等等。很多管理层会认为：勤劳代表了态度，只要态度端正，一定能取得成绩。殊不知，战略层面是需要天赋的，而战术层面需要更多的是态度。能力包含了一定的天赋，勤劳不能完全弥补天赋的缺陷。

【企业用人要避免的三大原则性错误】①最信任的人没有能力担当；②最该担当的人不被信任；③想当然地重用不该重用的人。

【每个企业都面临人才短缺问题】人才短缺的真正原因在于企业要生存和发展的冲动。越好的企业，越需要人才，因为发展速度快；越坏的企业，也越需要人才，因为企业只有在好的管理者手中才能起死回生。

【优秀员工离职带来的损失】①直接业绩损失，在接替员工未能补位时，损失按月计算；②士气低落，一个员工走了，问题还不大，如果走了一批员工，将是致命损伤；③因为新员工成长造成顾客满意度下降；④招聘新员工的直接成本和间接成本；⑤优秀员工流失带走的机会成本。所以，请善待员工，特别是优秀员工。

【员工离职做好五项工作】①一站式服务。发离职流程简介，不为难，不算计。②一封感谢信。加盖公章，感谢付出，欢迎回来。③一封推荐函。说明其优势，让员工传播企业文化。④一顿送行饭。部门组织，即使不再是同事，也还是朋友甚至客户。⑤一个离职仪式。同事给赠言，保持联系，让在职员工心暖。

第4节 经营管理

【企业管理已进入3.0时代】企业管理1.0的着力点是控制，每个节点都监控住；企业管理2.0的着力点是协同，各节点之间相互协同；企业管理3.0的着力点是自动，管理的重心从物转向人，最好的管理是激发人的自发、自动、自我协同。

【企业管理两大新特征】①"微"，企业组织走向微小化，由项目和任务组织小微团队运作；②"软"，企业管理走向柔性化，改变传统的刚性监控为软性赋能，"微软"是新的管理。

【管理就是管欲望】企业的竞争，上下同欲者胜！让优秀的员工成为公司的合伙人，实行合伙人管理模式，把老板和优秀的员工捆绑为一体，成为事业共同体、利益共同体、命运共同体，达到高度信任。

【现代企业经营的三大要素】 ①经营"物",用好的技术做好的产品;②经营"人",全力为客户创造价值,全心为员工赋能服务;③经营"数",将所有业务转化为数据,以数据驱动业务,开发数据红利。

【企业经营面临的两个根本性问题】 ①效率问题。企业内部主要是资源利用效率低下,提高资源效率将大幅度增加企业效益。②客户问题。企业外部主要是获得客户资源,经营客户已成为企业发展的核心。

【企业经营,信任是核心】 一家企业最大的成本就是信任成本,建立信任最大的好处就是减少管理的交易成本。

【企业经营"6+2"法则】 企业经营的六大关键要素和两大基础:六大关键要素是现金净流入、利润、周转率、资产收益率、业务增长和客户;两大基础是知人善任和良好的沟通机制。

【如何做好精细化管理】 ①细分业务和管理的单元;②给出全公司一致的管理逻辑;③清楚制定每个单元的经营目标;④把管理细化到每个业务和管理单元的每一天,从上到下、从下到上做到目标管理日清。

【企业经营的多元化关键在于同源】 ①市场同源。同一市场可以共享客户资源,向客户提供不同的产品和服务。②技术同源。同一技术来源可以共享技术和人才资源,开发新的经营产品和服务。除此之外的多元经营都是不成功的。

【企业经营的两个"离开"】①离开用户。企业不重视用户,对用户缺乏敬畏感,最终用户将放弃企业。②离开员工。企业不重视员工,对员工缺乏爱心,最终员工将离开企业。用户和员工是企业经营的核心。

【杰克·韦尔奇的管理理念】①换人不含糊,用人不皱眉;②剔除没有激情的人;③将自己的文化包括自信灌输给企业的每个人;④管理越少,企业越好;⑤让每个头脑都参与到企业事务中来;⑥旧组织建立在控制之上,新组织必须添加自由成分;⑦消除管理中的"警察"角色;⑧绝不妥协地向官僚主义开战。

【管理与控制】管控即管理与控制的结合。管理有方,可以让企业快速增长;控制合理,才能让企业健康发展、不入歧途、少走弯路。管控的力量就在于它的简要、实用以及它对企业生存命脉的把握!其最直接的作用在于:第一,削减企业成本,快速提升净利;第二,放大企业价值,有效杜绝损失。

【流程在企业管理中的重要性】企业的乱,有太多都是因为流程,这在企业管理中是一个通病。凡是发展缓慢的企业,其流程一定是混乱或不合理的,它们为此承担着很高的成本,却一直视而不见。流程是企业运营的产业链,如同流水线一样,没有科学合理的流程,也就失去对各项工作系统性的控制。

【企业管理中的人情和执行力】人情和执行力是成反比的,也就是说,人情讲得越多,执行力就越差;执行力越强的企业,人情就一定讲得少。当执行遇上人情的时候,受伤的如果是执行,再好的战略也发挥不出作用。

【企业执行力差的原因】 很多企业家经常感到自己的好想法不能实现，此时大部分企业家都认为企业执行力差是员工的能力和态度问题。执行力差是现象，管理不善才是本质。员工执行力差是能力的问题；企业整体执行力差就是管理的问题。

【不能为业绩而要业绩】 很多企业常犯的错误：①要业绩，但没有训练好员工；②要发展，但是不重视制度平台建设；③要人才，却舍不得与员工分享财富；④要和谐，但不善于企业文化建设；⑤要客户，却用忽悠战术伤害客户；⑥要质量，但 ISO 9000 一纸空文。结论：做企业必须仰望天空、脚踏实地。

【张瑞敏谈管理】 ①要效果，不要借口；②重复出现的问题是作风上的问题；③干部是事业成败的关键；④渐进就是守旧，经营理念创新，就要反渐进，必须一步到位；⑤零增长不等于零需求；⑥企业核心竞争力就是获取客户资源的能力；⑦客户的要求不等于客户需求；⑧管理无小事；⑨要以秒为计算单位。

第 5 节　企业创新

【关于企业创新的新思考】 ①把创新当作工作，创新需要勤奋、恒心和责任，要把创新变成辛苦、专注和有目的的工作；②要想成功，创新者必须立足自己的长项；③创新必须与市场紧密相连，专注于市场，由市场来推动。

【企业如何实现创新】①专业创新，在一个专业内部创新越来越深入，难度也越来越大；②跨界创新，从专业外部跨界创新越来越多，价值也越来越大。现在产业融合正在加快，两个或更多产业的跨界融合创新将超越单个专业内部创新，成为创新的主流。

【战术创新与战略创新】技术与产品创新有多种方法，主是聚合、分散、循环、组合、再造、简单等。以上方法可以是单一的，也可以是复合的，还可以是交叉的，这些都是在原有基础上的战术创新。战略创新是建立在新科技的突破上，从而产生颠覆性的大创新。

【自主创新】自主创新并不是指自我创新，技术水平一定要达到高精尖；不仅仅与专利挂钩，而且是以企业为主体，以掌握核心技术知识产权、高附加值价值链活动为目标，实现技术创新、商业模式创新、管理创新、制度创新等的有机结合。

【产品创新】产品创新的最大意义，在于通过提供差异来获取市场份额。此外，产品创新，除了本身的创新之外，必须依赖于模式创新、管理创新、渠道创新、传播创新等各个方面。所以，产品创新也是一个系统工程。

【协同创新】协同创新是指围绕创新目标多主体、多元素共同协作、相互补充、相互协作的创新行为。它是一种取长补短的智慧型创新。协同创新只是一种模式，最终着力点是技术创新，技术创新是协同创新的共同理想和目标。

【质量才是根本】质量是发展之基、兴国之道，是企业发展的核心竞争力。质量不仅要反映在企业的产品上，而且更要体现在企业的每一个行为上。没有一个质量差,仅靠价格便宜的产品能够长久地存活下来。中国制造需要每个企业都要有实实在在的"工匠精神"。

【企业转型升级要实现三大转变】 ①价值观的转变;②机制的转变;③技术的转变。

【企业的升级要从生产型走向创造型】 ①创造创客,将员工从生产者转化为创造者,培育新的创业团队;②创造客户,将创造产品转化为创造客户,根据客户的需求来组织好生产。创造力是未来企业的核心竞争力。

【制造业的立足之本】 很多企业似乎有一个共同"习惯":当现有业务陷入停顿时,总是想尝试进入当下最火的行业。其实,对于制造企业来说,专心深耕现有业务,长期钻研独门技术,才是制造业的立足之本。

【中国制造业转型要体现在"八更"上】 中国制造业转型不应向外,而是要向内苦练内功。要在"八更"上下功夫:①生产效率要更高;②人才培养要更新;③产品质量要更好;④资源消耗要更少;⑤生产成本要更低;⑥市场响应要更快;⑦环境影响要更小;⑧企业管理要更细。

【制造业企业应重视"三高"】 ①高质量产品:检验合格的产品不一定是高质量产品,只有用户满意的产品才是真正高质量的产品;②高质量体系:建立从创造价值到传递价值的价值链增值体系;③高质量的人:优质的产品是优秀的人做出来的,高素质的员工队伍背后是敬畏用户的企业文化,最终将工匠精神变成企业的基因。

【绿色制造】绿色制造是制造业的重大变革，旨在提高资源配置效率及使用效率。绿色制造要求产品全生命周期的绿色化，从产品研发、设计、工艺、采购、加工、物流、营销到回收利用全过程节约资源和减少排放，实施制造方式的整体变革。这是一场制造革命。

【强化供应链管理】在产能过剩的今天，强化供应链管理十分重要，这对优化社会资源配置作用重大。供应链管理的关键是诚信与协同，最有效的手段是信息化，在评审优先供应商的基础上，从用户开始，将经销商、生产商、供应商互联互通，打造智慧供应链。

【增量与存量】经济发展要处理好增量增长与存量的关系，最常规的办法就是增量增长，通过加大投资办新项目来实现经济发展。随着社会存量越来越大，应该更多地依靠存量增长。现在存量资产的利用效率较低，通过挖掘存量潜力，可以实现新的增长，这是创新的主要路径。

【投资的大趋势：从"资本主义"走向"知本主义"】这是遵循人力资本将超越货币资本的发展规律。投资可实施"同股同利＋同股不同权"的法则，在利润分配上，资金资本有优先分配权，但在经营决策中，人力资本有优先话语权。

静听健谈

1. 管理的本质（一）：管理其实很简单

美国传奇经理艾科卡（Iacocca）在总结他的管理经验时认为，在工作中，只有老板才能营造一种宽松的氛围。人们总说："管理肯定有它神秘的地方。"但事实上，管理的道理其实很简单：找一个可靠的职业经理人；制定好公司的规章制度；与员工进行良好的沟通，激励他们，并在他们表现出色的时候奖励他们。这就是管理。此外，他总结出8条简单的道理：

（1）招聘最出色的员工，建立一支优秀的管理团队。

（2）确定并坚持重点发展方向，把自己和重点发展方向简明扼要地归纳于一张纸上。

（3）说话要简洁、易懂，书面文件也是如此，避免官僚主义。

（4）永远不要忘记企业最赚钱的是一线员工，避免管理层与一线员工在政策上、管理上以及考核上出现对抗、消极。

（5）规划战场，即设定合理的工作范围、管理制度和管理层级。

（6）保留异己，警惕只听到一种声音，全体一致并不意味着真正的和谐，和而不同才是和谐的最高境界。

（7）在变革中抓住现在，努力实现企业效益最大化。

（8）坚持基本原则，坚持企业特有的文化和精神。

2. 管理的本质（二）：解决问题

企业为什么需要管理者？根本原因在于，企业存在问题，需要管理者来解决问题。管理者的价值就体现于此，不能解决问题的管理者绝不是优秀的管理者。

金无足赤，人无完人。世界上不存在"没有问题"的东西，同样也不存在"没有问题"的企业。任何一家"没有问题"的企业背后，往往隐藏着两个严重的问题：一是确实没有发现问题；二是发现了问题，却视而不见、自欺欺人。

企业的问题是客观存在的，怎样才能将它们揪出来呢？身为企业管理者，特别是企业高层，需要做到以下几点：①适时更新目标，不断提高自我要求；②了解自己的工作，养成反省的习惯；③鼓励下属上报，奖励有价值的问题；④知情不报是违规的，一旦发现要严惩。

企业的发展应该是在不断面对问题和解决问题的过程中成长起来的。问题越多，企业的机会就越多；问题越大，企业的机会就越大。鉴于此，企业的管理者应努力做到：①不要惧怕和逃避问题；②认清问题背后的机会；③养成主动挖掘问题的习惯。

当然，对待问题，要坚持"三不放过"的原则：没有找到原因不放过；没有找到责任人不放过；没有整改措施不放过。

同时，管理不谈对错，只谈解决问题。管理的本质是发现问题并解决问题，而不是强调谁对谁错。尤其是遇到针对下属的问题时，切勿把管理的重点放在评判下属行为的对错上，而应把重点放在如何解决现存的问题上。

3. 管理的本质（三）：预测未来加以防范

管理企业或带领团队，不要每次总是把焦点聚集在解决问题上，而是要把焦点聚集在发展上。只要企业不发展，所有的事情都会变成人事，所有的问题都会变成大问题；相反，只要企业发展了，所有的大问题都会变成小问题，所有的大事都会变成小事。

管理的本质是预测未来加以防范。很多人当不好管理者是因为无法透过现象看本质，无法看到问题背后的问题，所以无法做出正确的判断。因此，优秀的管理者其实是一个"消极"看问题的预言家，总是做好了最坏的打算，从而让事物朝积极、正面的方向发展。

世界上最困难的就是把一件你很拿手的工作交给别人，再眼睁睁看着他把事情搞砸，而你还能心平气和、不发一言，那是培养人。世界上最容易的就是把一件你很拿手的工作交给别人，再手把手地教他把事情做对，不给他犯错的机会，那不是培养人，而是在锻炼你自己。

管理不是领导别人，而是管理自己的行为和情绪，管理自己的金钱、人脉和社会关系，这称之为自律。只有当我们管理好自己的时候，才能获得领导别人的资格和能力。

关于品牌建设的一些思考

每个企业都希望能够打造属于自己的品牌，也都希望将自身品牌的影响力做到最大，借以在市场上有一块立足之地。那么，企业应该如何打造自己的品牌呢？

品牌是差异化发展到极致的一种承载和体现。

真正的品牌应该是企业管理者竭尽毕生精力，甚至通过几代人的努力，不惜代价去追寻的理想，而非一种手段。企业可以从以下三个维度发展自己的品牌：知名度、信誉度和美誉度。

品牌的释义：品牌完整地定义了企业对其客户所能够承诺的全部价值和意义所在。因此，对于企业而言，品牌是一种契约，同时也规范了企业能够为客户做什么以及不能做什么，是对企业所做事情的一种约束。

品牌的核心精神究竟是什么？要搞清这个问题，必须对企业自身DNA进行深刻认知和反省。瑞士军刀的品牌精神可以总结为16个字：诚信、开放、信任、尊重、感恩、谦逊、勇气、责任。企业只有对自身DNA的了解足够深刻，才能发现自身品牌的核心精神所在，不断改进并开拓自己的产品，从而为客户创造价值。只有产品和客户才是品牌的基石和发展创新的原动力。

企业在打造品牌的过程中，要充分意识到品牌的核心精神并不是盲目跟风的品牌口号，而是要自我沉淀，耐心发掘自己的DNA，从中挖掘出能够为目标受众接受并肯定的品牌精神。

此外，品牌代表了一种契约，这种契约包括对产品价值、对目标受众的"有所为"以及"有所不为"，也包括对内部员工有所为以及有所不为的规范。可以将品牌视为一个生态系统，成熟的品牌显然已经拥有了自己的生态系统。发展中的企业想要从成熟的品牌挖掘管理人员，套用别人的品牌管理经验，最终往往是不可行的。

最后，品牌的核心价值必定来自产品的差异化。当面临其他品牌的夹击，无法看清自己品牌核心价值之时，企业应深耕自己专长的一类细分市场，从单一品类和功能性角度入手，将自己的核心价值慢慢沉淀下来、清晰起来，再将产品品类做进一步的拓展。这时，如果想要进入某个有强大竞争对手和成熟品牌的市场，成功率最高。

需要再次强调的是，品牌本身意味着企业的"有所为"和"有所不为"，意味着某种约束。事实证明，在还没有搞清楚自身核心竞争力到底在哪里时，企业是没有资格谈论品牌建设的。

4. 管理就是"管 + 理"

企业能不能发展，有没有一群优秀的人固然重要，但更重要的是，企业有没有形成一套适合自身发展的管理系统。很多企业发现，市场空间虽然很大，却一直赚不到钱，无法提升效益。这其实就是因为企业的管理系统、营销系统、生产系统、财务系统和经营模式发生了脱节，管理系统不到位、不健全，企业发展自然就会缓慢。

管理就是"管 + 理"，管是掌控，理是梳理。管控带有一种强制的意味；梳理就像拿梳子梳头发，是一种人性的感觉。管理既要坚持原则，又要充满人性；8小时内讲原则，8小时外谈人性。管理是无情的，工作中要做无情的管理者，生活中要做有情的人。很多管理者之所以很难突破管理瓶颈，除了专业理论与技术层面之外，恐怕还要从性格等方面入手，分析自己存在的不足和原因。

做管理需要教育好员工。管理者要去引导员工，一个好的管理者是一个教练、一个老师，要不断在思想、观念、修为、意识、心态等层面上去影响员工，帮助他们朝着更好、更正确的方向成长和突破。每个人的内心世界都拥有想改变世界的力量，管理的过程就是不断在"变"和"不变"之间抗衡和博弈。

管理者要把自己管理的事变成大家的事。当每个人都能替管理者分担一部分的时候，管理者的精力就富余出来了，就可以从套牢的自己走向解放的自己，从而将精力分配到其他事情上。管理者要自我解救。管理者的角色应该是抽陀螺者，而不是像陀螺一样，整日忙得团团转。

5. 管理需要爱与规则

企业各级管理者和间接部门（事务部门）员工存在的意义，在于为直接创造价值的一线人员提供一切需要的支持和服务。

团队建设：①个人目标第一，工作指标第二；②以保障个体利益为前提，再强调团队利益；③目标可以分解，责任不可分割；④考核要量化、标准化，前提是需要结果导向文化；⑤既考核个体指标，也考核团队指标；⑥团队精神的本质是利他和责任；⑦经常举办有利于团队融合的集体活动。

创一流企业，需要做好五件事：一是把企业文化做好；二是管好人和物；三是抓现金流、利润率和成长性；四是规划好战略、做好投资；五是组建好企业发展顾问团队。

管理五层境界：①手把手：对新员工必须手把手教，好员工是训练出来的；②肩并肩：领导以身示范，让员工跟自己一起做；③面对面：盯着员工按制度流程做，训练员工敬畏规则；④背靠背：充分授权、信任，对优秀的员工进行目标管理；⑤心连心：员工认同企业文化与制度，能够自我管理。

优秀的人都自律，其实是因为自律的人都会变得优秀。学会自我管理，你也会向优秀的人慢慢靠拢。

当你下定决心做一件事，那就去尽力做，即便这件事最后没有达到你的预期回报，但还是要认真、努力去完成。在这个过程中，你会逐渐认识到自己的不足，认清自己真正想要什么。

企业管理永远不可控制的，是市场的品位高低，是员工的付出多少；而永远能够控制的，是我们对自己核心优势的全力发挥，以及企业对员工的善待与厚待。心理学的研究告诉我们，意识的交流只占信息量的不到5%，剩下95%以上的信息，都是通过潜意识在交流。而潜意识的交流，都是通过心而不是通过大脑。因为大脑会骗人，而心是骗不了人的。所以，最高明的控制，是用心。

只有在工作堆积如山时，你才可能享受闲暇。当你无事可做时，空闲就变得很无趣，因为空闲就是你的工作，而且是最耗人的工作。

关于授权：①授权≠可以不汇报（责任仍在领导）；②汇报≠请示（小事、常规事事后汇报；大事、突发事事前请示）；③授权≠可以越权（职场大忌）；④授权后，领导少过问，但下属要多主动汇报；⑤汇报时，小事不能多讲，大事不能少讲。

不创造价值的工作是浪费；即便是创造价值的工作，但所用资源超过绝对最少的界限，也是浪费。

6. 优秀企业的共同特征

优秀企业是相对的，是比较出来的。那些曾经优秀的企业或者直到现在依然优秀的企业都有一些共同的特征。

（1）超越利润的追求

商业的基本逻辑是要为社会创造价值。任何组织都要履行其社会功能，否则就会被社会强制删除。所以，那些优秀的企业都很明白这一点。这些企业不是不关注利润，但与关注利润相比，它们更关注企业为社会创造价值的能力。因为，它们深知"使用价值是价值的物质承担者"，只要企业能源源不断地为社会创造价值，利润就会滚滚而来。所以，优秀的企业都更追求利润之外的东西，把利润只当成副产品。

（2）良好的管理

当众多企业都想通过为社会创造价值而赢得利润时，竞争也随之出现了。能否获取利润，不仅取决于你能否为企业创造价值，还取决于你能否为社会创造价值，也取决于你创造价值的效率。怎样才能获取效率？谁是专门解决效率问题的？答案是管理。管理是大多数企业的短板。即使是业务非常好的企业，也可能因管理跟不上而不能健康成长，最终只能沦落为个头很小、年龄很老的"小老人"。所以，优秀的企业，一定要有良好的管理。

（3）优秀的企业文化

企业的事业是人的事业，文化是企业的基因。企业的特色在于文化的特色。企业的竞争，归根到底还是人的竞争，是文化的竞争，文化是核心竞争力的源泉。优秀的企业和企业家都有自己的经营哲学。以价值观、使命、精神等文化元素所构成的企业文化，具有使企业能够超越自身来审视自己存在的社会意义和使命的作用，对提升企业、提升人、实现对物质的驾驭和超越大有益处。

（4）与时俱进的创新

几乎所有优秀企业的文化基因里都有——创新。创新是企业超越时代的不二法门。其实，创新也是管理的因素之一。一方面，创新需要管理；另一方面，管理也需要创新。然而，无论是对创新的管理还是对管理的创新，其结果都会使企业变得与众不同。管理创新的难度不亚于任何产品创新与技术创新的难度。很多企业的失败，其关键就是管理没有做好，至少可以说是创新管理、变革管理或者说是战略管理没有做好。

张瑞敏曾经说过："每一个企业都是时代的企业。"所以，在时代的大背景下，每个企业都应该或者努力做到：第一，在属于自己的时代里成为优秀的企业；第二，努力超越时代。能够做到前者的可以称为优秀，能够做到后者的可以称为卓越。

7. 企业文化，就是要养成一个好习惯

对于个人而言，性格决定命运；对于企业而言，企业文化决定结

局。企业只有依托文化，才能成为百年老店。一个企业的产品和商业模式可以模仿，但文化对于每个企业来说却是独一无二的。建立好的企业文化，是企业成就长青基业的第一步。拥有300多年历史的九芝堂，就是坚持"存心有天知、修合无人见""医者当问良心、药者当付全力"的企业文化理念，成就了百年老字号。

而企业文化是什么呢？企业文化应该是一个企业在长期经营实践中凝结、积淀的一种文化氛围、价值观、精神力量、经营境界，是广大员工所认同的道德规范和行为方式的集合。简单地说，所谓企业文化，就是企业的每一个成员信奉和倡导并付诸实践的价值观念和行为准则，表现为植根于内心的修养、无须提醒的自觉、以约束为前提的自由以及为别人着想的善良。

企业文化的四大要素是愿景、目标、价值观和使命。愿景是对企业未来发展方向的一种期望、一种预测、一种定位；目标是企业在实现愿景过程中的阶段性成果；价值观就是企业提倡什么、反对什么；使命就是组织成员用生命去行动的一种精神和力量。

企业文化，首先是"文"，要形成文字；其次是"化"，要进行深化。企业文化建设其实不难，难是因为没有方法。企业文化建设和应用要从旗帜、标杆、传播、故事、专语、节日、环境、仪式、培训、戒律等方面来展开。此外，企业文化要倡导激情、承诺、责任、欣赏、付出、信任、共赢、感召等正能量，并把这些正能量变成企业的一种良好行为和习惯。企业文化建设要做到思想上认同、情感上支持、行动上一致。人走在一起不是团队，心走在一起才是团队。

8. 企业管理可怕的"七有"

企业发展到一定的程度，各种规章制度、组织机构日趋健全，但躯体变得庞大、体制变得复杂、部门变得众多，也会出现很多问题。总结起来主要有以下几点，应该引起重视：

（1）有战略，但执行不力，贯彻不彻底。目前，企业中最流行的就是战略，有长期的、中期的、短期的，但往往只是空洞的设想和规划，没有执行规划的详尽路线图和时间表，最关键的是，没有保障规划实现的具体措施。因此，所谓的战略只是流于纸上的"宏伟蓝图"罢了。

（2）有目标，但压力不大，落实不到位。很多管理部门都习惯于到时下达目标，年度目标、季度目标、月度目标，上级向下级下达目标、下级再向下级下达目标，目标成了空洞的数字，不能逐时、逐项、逐人分解落实，因此压力不能层层传递下去，目标变成了一纸空文。

（3）有组织，但条块分割，本位主义。随着企业的发展，部门越来越细化、职能越来越分解，但组织的紧密性却越来越差。各部门之间的边界越来越清晰、衔接越来越不顺畅、沟通障碍明显、协作成本增加、内耗变大，容易出现各自为政的现象。

（4）有制度，但监督不严，有人钻空子。企业在发展过程中，为了管理的需要，"头痛医头、脚痛医脚"，会沉积大量的规章制度。制度越多越复杂，执行起来往往找不到参考标准，容易流于形式，产生"多头"管理，加大管理难度。看似规范、法制化的管理却没有可操作性，容易有人钻空子。

（5）有流程，但存在扯皮，效率低下。为了建立现代企业管理模式，企业建立了大量看似完善的生产、工艺、财务、服务等流程，但没有建立起流程之间的有效控制系统和内部客户链关系（即下道流程是上道流程的客户），出现流程之间的脱节和扯皮，致使效率低下。

（6）有人员，但人心涣散，貌合神离。企业壮大之后，面临的最大问题就是如何凝聚人心，避免形成管理真空。企业要做到这一点，就要真正"将支部建在连队上"，也就是要把企业的文化建设放在基层、放在每一个班组，让员工当企业的主人，凝聚在企业的周围。

（7）有绩效，但流于形式，奖罚不力。企业建立绩效考核机制是好事，但一些企业在建立绩效考核机制后会出现奖罚流于形式的现象，绩效往往会变成隔靴搔痒，考核的多是软指标，没有真金白银来得实际。企业管理信奉的是以数字说话，真刀真枪、奖罚分明。

9. 创新的基础是广泛实践

在平凡的生活和工作中，创新工作无处不在，但机遇总是来源于对某个领域的深刻了解，空想创新者是不可能成功的。

而正在创新的人是无法确定自己一定会成功的。知道某种方法一定能成功的，这种方法一定不属于创新。

创新是用与众不同的方式打破原有的利益平衡，并在新的平衡中占有一席之地。

创新的自主性迫于生存的压力或发展的需要。

市场需求与技术发展有机结合的技术创新模式，能够很好地兼顾客户的需求和技术发展方向，保证技术创新不会偏离正确轨道，从而确保技术创新的成功。

生存资源来自客户，所以，企业技术创新必须以市场需求为导向。

客户是创新的源泉。

10. 产品研发，重在"价值"

企业发展有两种动力：一种来自内部，即自我的规划和未来的预期；另一种是外部的推动，即市场本身的变化和客户的要求或习惯。对很多企业来说，在还没有足够强大的时候，最好全心全意地倾听客户的需求，从他们的选择中找到未来的努力方向。"看到了别人的需要，你就成功了一半；满足了别人的需要，你就成功了全部。"这是著名的阿尔巴德定理提出的企业成功要素。在这个世界上，当只有你最懂你的客户需求时，企业的发展能不好吗？世界上的大公司，没有一个只卖一个型号的产品。即便已经做得很好，也会第一时间捕捉到客户的需求，并快速满足。所以，你会发现很多的新品仅仅是做了一些改良，就隆重登场。与其说它们是在展示新品，不如说它们是在展示一种与客户相处的态度。招商银行的广告语"因您而变"，从某种意义上说，是广告创意者对招商银行提出的一个期许。而对消费者来说，看到这样的广告，内心感到是被关注的，是温暖的，是被尊重的。创新工作要做的是：一不喊口号；二不高调，一步一个脚印，脚踏实地地往前走，用细节、专注和专业去影响更多的人，甚至让客户也共同加入创新工作之中。企业对客户研究得越深入，就会提供更为精准的产品和服务，也更能体现技术创新的价值。

创新不是发明。发明是一种技术突破，发明不一定有市场，或许市场在未来，但未来的市场不能解决企业当前的发展问题。而创新是新技术、新知识、新应用、新概念、新工艺的组合集成，这些组合集成的技术创新从而引发大规模的商业应用。人们总在说差异化，差异化从哪里来？一定是从对客户需求的分析中来。创新要有差异化，差异化是企业竞争力的核心，相对优势是最大的优势。大家都不是全能冠军，所以，每一个新品都不能满足所有需求，每一个创新都不能打败所有传统。

创新一定要有颠覆、破坏、超越的理念，抄袭、模仿者永远开创不了新时代。一个新产品从无形到有形、从纸面到实体，需要进行多次修改提升，有时需做减法，减掉多余的无用功能设计，缩短工艺流程；有时需做加法，添加细微附加性能要求，便可收到"1＋1＞2"的效果，增强产品的新概念。同时，创新要有成本观念，要充分考虑到设计方案、实施步骤、保障条件、市场应用等环节，把准备工作做在前面，才能确保一次成功。有时候，我们没有时间将事情一次做好，却总有时间将事情一做再做。在管理中，如果不能坚定地把"好"放在"快"的前面，那些"不好"总会出现，而且会越积越多，甚至积重难返。

11. 企业创新要跨界

创新，是一个企业持久生存发展的动力。而绝大多数企业的创新工作是跟在别人后面走。其实，跟随别人的创新注定没有出路，充其量只能赚点小钱。对于创新工作，没有付出就没有回报，企业一定要下功夫去琢磨市场、琢磨客户，要跨界去琢磨、去创新。你的客户就是你的跨界对象。

通常客户不会告诉你他需要什么，但是他会告诉你他对现有产品和服务有什么不满。找到客户未被满足的需求就找到了创新的源泉。从市场和客户的角度进行技术创新，这种创新才有价值，才有市场，才有生命力。

很多人误认为变化就是创新，以为把白瓶子换成蓝瓶子就是创新，其实这不叫创新，只能说是变化。创新是基于现状的变化不假，但是变化并不等于创新，两者不可逆。如果把创新归结为变化，就本末倒置了，是对创新的歪曲。

未来，一个企业的跨界创新能力（站在客户的角度创新）将直接决定这个企业的生存力和发展力。

跨界创新是大趋势，一个没有跨界创新能力的企业，在当今时代是很难生存和发展的；而一个跨界创新能力卓越的企业，很容易成为一个行业的强者乃至王者。

12. 企业管理中的情、理、法

企业管理中的"法"是指企业的制度、章程、条例、程序、标准等。法是至高无上的，是每一名员工必须遵守的组织活动的规范。它包括两个层面：一是行为规范。企业是社会的细胞，企业员工的行为规范代表企业的形象，应首先遵循国家法律法规。在此基础上，企业再不断提升标准和要求，使组织行为更规范、组织形象更突出，使组织最终走向卓越。二是工作规范。生产操作流程、工艺执行标准等在企业管理中也是法。这些法是企业生产经营效益的保证，也是企业生存发展的保障。"法"是简单和通俗易懂的，是员工容易理解并认同的，一旦制定下来，是没有张力、无法变通的。如果"法"得不到严明的执行，就会慢慢被员工漠视，丧失管理的作用。

"理"在企业管理中是指协调、疏导、沟通，从而使组织行为更流畅。"理"属于管理艺术的范畴，与"法"相比，"理"具有很强的张力和弹性，因而"理"是甄别一个管理者管理能力高低的重要因素。理的第一层含义就是"调理"。企业就像人体一样，各个组织细胞需要调理。管理的精髓在于理，管理者的作用在于合理整合企业中人、财、物各种元素，达到最佳状态，创造最大效益。理的第二层含义是"说理"。之所以要"说理"，是因为有时候管理没有对与错、好与坏之分，只有合适与不合适之分。例如，执行严格的工艺消耗考核标准，对企业降低成本是有利的，但员工一时是无法接受的，因为他们面临扣罚的风险就会增大。这就需要管理者说理，让员工理解和认同，不断提高操作技能以适应管理的需要。

在企业管理中，"法"是铁面无私的，但又不能使管理变得冷酷无情，全在于管理中对"情"的元素的运用。"情"体现"以人为本"的管理思想，是我国传统价值体系中所提倡的，也是区别于西方管理思想的重要元素。对于一个企业来说，执行力需要"法"去推动，凝聚力则需要"情"去实现。同时，"情"也是管理工作中的润滑剂。那么，企业管理中的"情"指的是什么呢？"情"是指尊重、关心、爱护、温暖。一是满足员工心理的需要，使员工得到认可，并有幸福感；二是调动员工的情绪，使员工充满激情和创造力，从而对企业奉献、对社会感恩。

当然，在企业的管理细节中，情、理、法有时是矛盾的，但从企业管理的宏观层面上看，它们是统一的。这就要求我们的管理者有"法"的原则、"理"的智慧、"情"的胸怀。

第 2 章

领 导 艺 术

Chapter
Two

第1节 管理之道

【企业家之"道"】 企业家要善于闻道、悟道、布道、行道。"道"者,一个"首",一个"走"。因此,"道"是头与脚的结合,头在上,脚在下,头脑决定脚步,思路决定出路。

【管理鸿沟】 ①每个老板都希望有一批忠诚的员工,但并不是所有的老板都关心员工的需求,这就是管理鸿沟;②基层员工的不稳定会对企业造成巨大的无形损失;③老板不仅要关注员工的忠诚度,更要关注员工的满意度,包括安全感、归属感、成就感;④士为知己者死。

【管理之道:授权】 一位美国百货零售巨头曾说:"身为一个经理人应该明白,想逼死自己最快的方法就是大权一把抓。"世界上最困难的事情就是把一件你很拿手的工作交给别人,再眼睁睁地看着他把事情搞砸,而你却还能心平气和、一言不发。结论:不培养人就被员工绑架,不善授权就会绑架自己!

【将军、管理者和员工的责任】 一个将军,责任不是让士兵喜欢,而是让士兵在战场上歼灭敌人,平安回家。一个管理者,责任不是让员工喜欢，而是督促员工成长，让员工获得更强的能力、更高的收入、更有品质的生活。一个员工的责任，不是要让领导天天催着你、哄着你，而是拿出你的实际行动完成目标。惰性是很可怕的东西，惰性导致没有结果，没有成就，所有能力都是空谈！

【管理：重点在"理"不在"管"】①管理者的主要职责就是建立一个"轮流分粥，分者后取"那样合理的游戏规则。②管理平台责任、权力、利益缺一不可。没责任，企业就产生腐败；没权力，执行就成废纸；没利益，积极性就下降。③只有把责、权、利的平台搭建好，员工才能"八仙过海，各显神通"。④管好自己。

【管理不是分配任务，而是分配责任】三流企业没有岗位说明书，只分配任务，没有清晰的责、权、利，管理混乱；二流企业有岗位说明书，但是形同虚设，没有按责任定目标，没有按目标定考核；一流企业不仅有岗位说明书，而且让员工非常清晰地围绕责任来制定工作目标和计划，建立明确的考核标准进行自我管理。

【管理就是激励】身为领导，必须具备激励员工的能力，随时让员工保持工作热情。作为一名管理者，必须做到两个"及时"：及时发现员工的价值和优点，及时赞美和激励员工。应随时认可、鼓励员工体现良好品格的言语和行为。

【"四有"管理】有计划、有布置、有检查、有改进。企业不缺做具体事情的人，缺少的是能够统筹、管理和运营的人才。

【管理就是善用四种力量】①推力：来源于压力，如批评、回应、处罚、负激励等；②拉力：来源于金钱等物质激励、奖励；③引力，来源于愿景、使命、信念、责任、文化；④张力，来源于欣赏、认同、发展与展示空间等。结论：企业管理就是让这四种力量形成合力，以利益为前提，以制度为基础，以文化为纽带。

【五个原则告别管理瞎忙】①优先原则；②正确制订计划；③授权；④切断信息的干扰；⑤建立秩序。

【管理的起点是目标，不是指标；管理的入口是爱，而不是规则】管理首先要让员工有目标，并把目标和工作结合起来，员工才能进行自我管理。领导关心员工的目标，帮助员工实现目标，只有走进员工的内心，才会让员工敬畏制度。结论：管理就是要激励员工找到目标，激发员工对未来的渴望；管理就是严肃的爱，没有爱与规则就不会有真正的管理。

【管理心得】①小事情，领导提建议，让下级做决定；大事情，下级提建议，让上级做决定。②决策要征求多数人意见，与少数人商量，领导做最后决定。③表扬对人、批评对事。④公开表扬、私下批评；如果要公开批评，那么最好提前做好应对公开挑战且能漂亮收场的准备。

【管理失效的十种症状】①分工只分责任，权力和利益不明确；②没有清晰的工作流程；③工作流程停留在领导者嘴上叮嘱或强迫执行；④制定制度没有征求团队意见；⑤团队精神只是口号、理念，缺乏训练和激发；⑥只奖励射门得分的球员，忽视协作者的贡献；⑦双重标准，领导不能以身作则；⑧不理解员工的实际状态和需求；⑨团队成员之间没有互补能力，没有促进协作的联动机制；⑩检视不到位，激励不给力。

第 2 节　领导力与执行力

【领导力的三个关键】①应变：世界瞬息万变，唯一不变的就是变化，只有变化才能带来改变；②教导：一个优秀的人才和一个杰出的领导者最大的区别，在于教导与影响他人的能力；③信任：领导者必须建立与追随者共享的价值观、目标和愿景，始终如一、坚定不移地和他们站在一起。

【领导力与执行力】①领导力是凝聚人心的影响力，执行力是达成结果的行动力。②领导力是服务，执行力是服从。③领导力强调精准，先瞄准、后开枪；执行力强调速度，先开枪、后瞄准。④领导力是让他人自愿服从的能力，执行力是让他人不自愿也要行动的能力。

【领导力决定执行力：强执行力领导者的七大特质】①说话果断干脆，不拖泥带水；②绝对兑现承诺；③心要狠，坚持依法治理；④要有高度，格局要大；⑤要能承担责任；⑥能帮助员工实现他们的梦想；⑦具备描绘企业前景的能力。

【执行告别"差不多主义"】①执行就是对魔鬼细节的执着；②"差不多"是最大的杀手，是一种马虎和不负责任的态度；③不要把"成大事者不拘小节"作为借口，当你成为企业家之后再说这话；④一个马虎的管理者一定会带出一群差不多的员工，迟早会出质量事故；⑤差不多，看上似乎差别很小，而大猩猩与人的 DNA 差别不到 2%。

【执行力差的五大原因】①员工不知道干什么；②不知道怎么干；③干起来不顺畅；④不知道干好了有什么好处；⑤知道干不好也没什么坏处。

【解决执行力差难题的五大方法】①目标明确；②方法可行；③流程合理；④激励到位；⑤考核有效。

【部门领导如何开好15分钟晨会】①第一个到企业给员工问好；②让员工整理好衣冠，喊出团队口号，鼓舞士气，周一晨会必唱司歌；③布置一周的工作目标；④抽查提问2~3个员工今天的工作重点；⑤表扬一名最近表现好的员工；⑥15分钟读书分享；⑦建立主持人轮流制度，培养人才。结论：晨会必须给员工注入正能量，让员工从早晨开始就保持良好的状态。

【如何提高晨会效率】①准点开；②说明自己今天的工作计划是什么，今天最重要的一件事情是什么，还要说清楚这件事是准备上午做还是下午做；③对前一个晨会布置的工作准时总结。其实这个总结就是一个反馈的过程，没有反馈的计划或任务都是假计划、假任务。

【每周管理盘点：七问提升效率】①今天自己的目标是什么？②如何安排自己的时间？③今天我最重要的三件事是什么？④本周准备学哪些东西？⑤本周哪些工作还需要改善？⑥我准备找哪个员工沟通15分钟？⑦本周哪个员工表现最好，哪个最差，为什么？

【批评的艺术】①批评的目的是让对方改正，不是为了羞辱他，更不是为了表现自己；②批评要针对事实，少提自己的主观意见；③批评要有艺术，要了解人的本性，没人愿意被塑造，尽可能引导对方完成自我塑造；④要分清批评和责备，批评是指出具体问题，可以的话给出具体建议，而责备只是发泄情绪。

【管理沟通三个 60 秒】①第一个 60 秒：赞赏员工良好的表现（激励）；②第二个 60 秒：纠正员工不好的表现（指点）；③第三个 60 秒：与员工设定工作的目标（方向）。切记三者顺序不能打乱：以赞赏优异的表现为起始，具体工作改善要求与纠正不良表现介于其中，以共同目标作为结尾。

第 3 节　如何成为优秀管理者？

【七句管理名言】①将合适的人请上车，不合适的人请下车；②疑人不用，用人不疑；③1% 的细节错误会导致 100% 的错误；④如果不创新，不淘汰自己，竞争将淘汰你；⑤沟通是管理的浓缩；⑥一次良好的撤退，应和一次伟大的胜利一样受到奖赏；⑦爱你的员工，他会百倍爱你的企业。

【管理人员需要责任感】①责任体现一种承诺；②责任体现一种敬畏；③责任体现一种担当；④责任体现一种完善；⑤责任体现一种贡献；⑥责任体现一种契约。一个人只要有责任感，在任何地方都会有机会，职业生涯就不会死。从这个角度讲，责任大于能力，责任成就卓越。企业最大的威胁源于管理者没有责任担当。所以，责任高于一切，要重塑管理者的责任价值。

【管理者的品质】①勤奋是一切事业的基础；②对自己节俭，对他人慷慨；③用自己的眼光观察世界，而不随波逐流；④建立良好的信誉；⑤决策任何一件事情时，应胸襟开阔、统筹全局；⑥信赖下属；⑦给下属树立高效率的榜样；⑧实施政策要沉稳持重；⑨了解下属的希望。

【管理者应具备哪些能力】①要有目标；②要有商业意识，要清晰地知道投入产出比；③要专注，不要被机会冲昏了头脑；④要对数字敏感；⑤情商要高；⑥要善于学习和总结；⑦要学会协调资源；⑧从开始管理的第一天起，就要学会培养人。

【管理者十大素质】①处事冷静，但不优柔寡断；②做事认真，但不求事事完美；③关注细节，但不拘泥于小节；④协商安排工作，绝少发号施令；⑤关爱下属，懂得惜才爱才；⑥对人宽容，甘于忍让；⑦严于律己，以行动服人；⑧为人正直，表里如一；⑨谦虚谨慎，善于学习；⑩不满足于现状，但不脱离现实。

【管理者最需要的12种品格】① 忠诚。总是站在老板的立场上思考问题。②敬业。提供超出报酬的服务与努力。③积极。从"要我做"到"我要做"。④负责。让问题的皮球止于你。⑤效率。跟穷忙、瞎忙说再见。⑥ 结果。一开始就要想怎样把事情做成。⑦沟通。带着方案去沟通，当面沟通，当场解决。⑧ 团队。滴水融入大海，个人融入团队。⑨ 进取。挤时间给自己充电。⑩低调。不要邀功请赏，成绩只是开始，把荣誉当作动力。⑪成本。不浪费企业的资源，哪怕是一张纸。⑫感恩。学会感恩，工作给你的不仅是报酬，还有学习、成长的机会。

【华为选拔管理者坚持的六个原则】①具备踏实的办事能力、强烈的服务意识与社会责任感，不断提高自身的驾驭与管理能力；②具备领导艺术和良好的工作作风；③要站在企业的立场上综合选拔，而不能站在小团体、小帮派的立场上选拔管理者；④具有培养超越自己的接班人的意识，具有承受变革的素质；⑤企业对候选的管理者要进行深入的了解与沟通；⑥凡是没有基层管理经验，没有当过工人的，没有当过基层秘书和普通业务员的，一律不能提拔为管理者。学历再高，如果没有实践经历，也不可能成为一个合格的管理者。

【什么人不能做管理者】①缺乏正直的品质，这是基本要求；②只注意别人的弱点而不是长处，这是狭隘的表现；③将才智看得比品德更重要，这是不成熟的表现；④害怕手下强过自己，这是软弱的表现；⑤对自己的工作没有高标准，这会使员工轻视管理者的能力，从而轻视工作。

【管理者如何树立自身的权威】管理者的权威来自三方面：法定权、专业权和人格权。所谓法定权，就是你的头衔（如经理等），是制度给你的权力。这不足以让员工内心服从你，你需要在专业上能指导员工的成长，在人格上能培养员工的品格，这样才能征服员工，让员工认同你，才有了让员工欣赏你的根基，才有了管理！所以，认同第一，管理第二。

【何为优秀的管理者】对于管理者来说，要把事情做对做好，就得离开办公桌，与你的员工、合作伙伴和客户交谈——要亲自、面对面地进行，若非如此不足以取得成功。同时，真正出色的领导者绝非事必躬亲，而是知人善任，特别是能敢于起用比自己更优秀的人才。如果高层领导者事无巨细，一律包揽，那只能成为费力不讨好的勤杂工似的领导者。一个管理者既能下沉到一线，又能看懂财务报表，就是一个优秀的管理者。如果一个企业所有的管理者都以"一线现场有神灵"的工作态度，以身作则地下沉到一线现场，以服务一线现场工作为核心，检验并倒逼整个组织各个层次服务一线现场的成效，营造"大家出点子、出智慧，为消除浪费、提高效率而努力"的氛围，就真正形成了良性循环。

【优秀管理者的三面镜子：自强、自省、自律】①自强，是独立的思维、决策和人格，百分百负责任，不依赖、不推诿，做团队示范的镜子；②自省，是发现和认知自己的能力，保持内观、自检与总结的习惯，做自己的镜子；③自律，是一种做人做事的价值观、原则和底线，对自己高标准、严要求，做别人学习的镜子。

【优秀领导必须紧盯四件事】①紧盯目标。把目标分解到月、到部门、到具体人，并且紧盯着。②紧盯人才。找到合适的人，放到适合目标的位置上。③紧盯机制。制度就是生产力，鼓励员工参与机制完善，打造可以复制的系统。④紧盯团队状态。保持激情，你的激情就是团队的热情，感染自己才能感染团队。结论：好员工是盯出来的，好执行也是盯出来的。

【优秀管理者必备的十种力量】①燃烧欲望的力量；②明确战略和目标的力量；③团队信念的力量；④行动计划表的力量；⑤专注坚持的

力量；⑥学习知识的力量；⑦诚实守信的力量；⑧控制成本的力量；⑨平等沟通的力量；⑩制度规则的力量。

【优秀管理者必须了解员工】 领导者对下属要有"8个了解"和"8个有数"。"8个了解"是员工的姓名、籍贯、出身、家庭、经历、特长、个性、表现；"8个有数"是对员工的工作情况有数、身体情况有数、学习情况有数、经济状况有数、住房条件有数、家庭成员有数、兴趣爱好有数、社会交往有数。

【优秀管理者应常对下属说】 ①谢谢你；②辛苦了；③今天干得不错；④相信你能行；⑤抓紧时间提升专业能力；⑥大胆去做，有事我负责；⑦你的梦想是什么，需要我提供什么；⑧别泄气，天不会塌的，大家会帮你的；⑨对不起，我错怪你了；⑩如果你自己是领导，你会怎么做？

【管理者最常见的六个错误】 ①不懂计划，不能聚焦目标；②不懂放权，凡事事必躬亲，久之养懒下属，员工得不到成长；③不会聆听，刚愎自用，固守自己的知识和经验而不能创新；④不能培养人才，无人可用；⑤不善于激励鼓舞团队士气，团队暮气沉沉；⑥不敬畏规则，团队执行力差。

【管理忌"六心"】 ①私心，必让你威信扫地；②贪心，必让你立场错乱；③妒心，必让你丧失理智；④偏心，必使团队内讧；⑤疑心，必使同伴离散；⑥粗心，必然功败垂成。需要的是公心、恒心、耐心、细心、小心和操心。

【管理者的"七用"】 ①用脑去思；②用耳去听；③用眼去看；④用心

去做；⑤用手去记；⑥用脚去行；⑦用嘴去讲。管理者在日常管理中，应该做到多找问题，少找对错，这样才有利于企业和个人管理水平的提升。

【管理者"八戒"】①戒工作方向不清晰，曲解企业所有者意图；②戒结党营私、玩弄权术；③戒以企业资源充当个人职场赌注；④戒自恃无人替代而无所不为；⑤戒既无反对的勇气，更缺乏接受的胸襟；⑥戒对企业欠缺归宿感；⑦戒懈怠于持续学习；⑧戒独断专横、我行我素。

【管理者常犯的十个错误】①制定不切实际的目标；②把不合适的人安排在关键岗位；③轻易许诺，常常食言；④第一时间对下属犯错做坏的猜测；⑤把功劳归自己，把过错推给下属；⑥工作有布置无检查；⑦开会不准备讨论，无主题；⑧以个人喜好作为判断标准；⑨重约束、处罚，轻启发、激励；⑩多指责而不懂欣赏。

【领导"四不"法则】①正职"四不"：总揽不独揽，宏观不主观，决断不武断，放手不撒手；②副职"四不"：献策不决策，到位不越位，超前不抢前，出力不出名；③平级"四不"：理解不误解，补台不拆台，分工不分家，交心不多心；④用人"四不"：用人不整人，管事不多事，讲话不多话，严格不严厉。

【做管理者不能说的话】①"我也不知道该怎么办"——你不知道，员工更不知道；②"从来没有人出过像你这样的错"——事实往往并非如此；③"公司政策一向如此"——忽视现有问题，拒绝改变现状；④"不高兴，就另谋高就"——忽视员工诉求。

第 4 节　如何管理好你的员工？

【人才与机制】①没有好的机制，就会埋没人才；没有选对人才，再好的机制也难以发挥最大的价值。②人才是舟，机制是水；人才是鱼，机制是海。③选人不一定要用最优秀的，而是适合的，关键是适合企业当前的环境和机制。④在机制面前，人人平等；在团队面前，机制要灵动平衡。⑤没有完美的人或机制。

【领导者之用人】①养人：不论理想或使命有多高明，若在物质方面无法满足人的需求，再好的使命感也是空谈；②知人：领导者要意识到，个人能力都是有限的，一个人做能力之上或之下的事，都易失败，所以用人要分层负责，用其优点；③授权：提拔人才，不光要提升职位，还要给予支持，帮他树立权威。

【管理者的双向思考】一个人的缺点往往暗示着他的优点：①如果你讨厌一个人的急性子，你为什么看不到他的行动力？②如果你讨厌一个人很强势，你为什么看不到他的决断力？③如果你讨厌一个人说话绕弯，你为什么看不到他的思维缜密？④如果你讨厌一个人行动缓慢，你为什么看不到他的包容和淡定？不求完美，懂得欣赏。

【如何管理员工】人力资源管理，管理的不只是人力资源，而是整个企业的运营。职业生涯规划，规划的也不只是职业生涯，而是整个人生。员工关系，不是处理员工投诉，而是满足员工的人性诉求。工资薪酬，不是给员工发钱，而是分钱。绩效考核，不是考核员工的绩效,而是激励员工创造更高的绩效。

【以人为本的人性化管理】 ①真诚温暖员工;②把员工当合伙人;③爱你的员工,他会百倍地爱你的企业;④给员工快乐的工作环境;⑤"以人为中心"的人性化管理;⑥管理从尊重开始;⑦不要总盯着下属的错误;⑧与员工保持适当距离;⑨规章制度面前人人平等;⑩增加管理的透明度。

【将合适的人放在恰当的职位上】 每个人的才华虽然高低不同,但是各有长短,因此在选拔人才时,要看重的是他的优点而不是缺点,利用个人特有的才能委以相应的责任,使之各安其职,这样才会使诸方矛盾趋于平衡。否则,职位与才华不能适合,人才应有的能力发挥不出,彼此之间互不信服,势必造成冲突的加剧。在一个团队中,每个人各有所长,但更重要的是,领导者能将这些人依其专长分配到最适当的职位,使其能够发挥自己所长,进而让整个企业繁荣强盛。没有无用的人,只有不会用人的人。

【培养人才遵循"四不要"原则】 ①不要怕下属犯错。部下做得比你差很正常,要允许部下犯错,错误是成长最好的老师。②不要默认下属不行。要相信员工的专业,否则你将永远停留在自以为是的困局而不自知;③不要插手已经授权的事。要让下属敢于做事,并负责到底,这样才能培养员工的担当意识;④不要听不进意见。领导者的能力强,如果听不进反对意见,结果就是复制二等跟随者,让员工没有头脑地盲从,企业就会形成能人依赖,结果就是领导越强,员工越弱。

【管理的关键：让老员工操心】要给员工安全感，但是安全感和安逸完全是两个不同的概念！很多老员工看似很稳定、忠诚，但真正的忠诚度本质就是敬业度。能否为企业操心是衡量老员工忠诚的重要标准。管理上必须让老员工操心起来，带好头，进而影响新员工操心起来！否则，老员工就会进入职业倦怠，并影响新员工。所以，让老员工操心是管理的关键。

【管好离自己最近的人】真正懂管理的人，不是事必躬亲，而是管理好离自己最近的人，再通过他们去管理其他人。高层领导无须考虑那些琐碎的枝节问题，只需抓住关键问题就可以了。习惯埋头于琐碎工作的人，其敬业精神固然可嘉，但并不是一个优秀管理者。管好离自己最近的人才是精明的管理之道。

【如何激励员工】建立完善的激励机制与运用合适的激励手段是人力资源管理的中心任务。激励通常有两种：第一种是普遍的物质激励；第二种就是人性激励。两种激励应该整合使用，关键是必须把握员工的需求层次，以最有效的补偿手段满足其心理需要，并把这种需要引导成为其内在的驱动力量，进而激发这种力量释放到企业发展所需要的本职工作上，让平凡的人做出不平凡的业绩。

【员工成长是逼出来的】每个人都是有潜能的，当员工没有压力、没有个人目标的时候，就会进入散漫的状态。作为领导，必须关注员工的状态，激励员工首先从帮助员工树立目标开始，给员工适当的压力和紧迫感，搭建竞争的机制和环境，让员工进化和成长。结论：员工跟随你之前无能是自己的错误，员工跟随你之后无能是你的错误！

【管理模式与成熟度】德鲁克说,管理因人而异。对不同员工的管理方式是不一样的。管理者要根据员工成熟度的不同,采用不同的管理方式:对低成熟度的员工要进行保姆式管理,注重过程管控;而对高成熟的员工,注重结果管理、方向管理。

【优秀的员工不需要太多管理】①定好目标,明确绩效利益,让优秀的员工自我管理;②对成熟度高的员工需要做结果管理,少做过程管控,但员工要主动汇报;③优秀的员工需要自由,需要更多的创造性,需要成就感,所以,激励大于检查;④鼓励优秀的员工做新员工导师,引导新员工。

【管理混乱的起点是权、责、利】①管理是先理人、后管事;②理人从目标和利益开始,管事从理清权责开始;③目标和利益是发动机,权责是四轮驱动;④权、责、利不均衡造成各种推诿、责任摩擦,造成制度性内耗;⑤制度性内耗的结果是制度流程失灵、组织效率下降。结论:理清权、责、利就是给发动机增加动力。

【管理的六大盲点】①到处缺人才,处处还在浪费人才;②做事的人很多,对结果负责的人很少;③做管理的人很多,直接做业绩、面对客户的人很少;④忙着日常事务的人很多,关键重要的事常常没人做;⑤不愿意别人考核自己,但很喜欢考核别人;⑥企业追逐利益最大化,但不接受员工追求收入最大化。

【绩效管理的六大误区】①认为进行绩效管理就能提升业绩;②推行绩效管理,但不重视结果导向文化培育;③绩效只是算工资和奖金的依据;④认为有了绩效管理就解决了员工的动力问题;⑤只注重绩效结果，但不重绩效产生的过程；⑥为了绩效而绩效，不注重员工职业化训练。

【管理要诀：七个"凡是"】 ①凡是有工作，就要有目标（销售额、人均产值、费用、利润）；②凡是有目标，就要有计划（时间、地点、责任人、统计归口）；③凡是有计划，就要有执行（计划的分解、执行、调整和异常监控）；④凡是有执行，就要有检查（定期检查、差异分析、纠偏）；⑤凡是有检查，就要有结果（稽核战报、月会、周会）；⑥凡是有结果，就要有责任（区分好和坏，奖优罚劣，检讨总结）；⑦凡是有责任，就要有闭环（闭环管理，持续改善，形成正能量文化）。

第5节　如何管理好你的团队？

【管理新视角】 ①一个人的努力是加法效应；一个团队的努力是乘法效应。②踏着别人的脚步前进，超越就无从谈起。③脑袋之所以是圆的，那是为了满足我们不断转换思路的需要。④彼此尊重才能达成彼此理解。⑤想要看得清楚，其实只要换个视角就行。

【当你开始管理团队，你必须知道】 ①从第一天开始，就要将"以身作则，成人达己"作为修身的最高标准，员工不会听你说的，只会看你做的；②管理从目标开始，先激发员工树立个人目标，然后才能分配工作指标；③管理从尊重人性开始，不要高高在上；④带领员工学习成长。

【管理者要学会赏识】赏识是一种积极向上的生活态度。学会赏识，赏识者的胸襟才更显得博大，灵魂才更趋于崇高；有了赏识，世界便获得了求真、求美、求善的不竭动力。人人都应该学会赏识，须知"人性最深层的需求就是渴望别人的欣赏"。而且，随着阅历的增加，这种"渴望"会变得更加深沉而炽烈。你的一个信任的微笑、一次肯定的颔首、一个鼓励的眼神、一句激励的话语，可以为他人驱散积聚在心底的自卑阴影，可以为他人找回失落已久的宝贵自尊，可以为他人校正迷失的价值追求方向，可以为他人唤醒早已尘封的潜质和潜能，可以为他人诱发心中创新冲动的萌芽。

【管理者要严格要求下属】如果你是真正的管理者，希望真正对下属负责，就要考核他、要求他、批评他、帮助他……并且高目标、高标准，督促他成长！这样才能帮助员工获得更好的收入、体面的生活、自信的内心……这才是对他的未来负责。

【管理团队的五个"三"法则】①三个"尊重"：尊重工作、尊重伙伴、尊重自己；②三颗"心"：爱心、耐心、真心；③三个"慎"：慎言、慎行、慎独；④三个"容"：从容、宽容、常容；⑤三个"大"：大境界、大目标、大格局。

【打造优秀团队必须具备的五个基本要素】①成员数量不多；②技能互补；③共同的目标；④共同的工作方法；⑤相互承担责任。

【团队管理】①管理的起点不是工作的指标，而是员工的个人目标；②大多数员工讨厌开会，会议越短越好；③领导的使命之一就是培养接班人取代自己；④团队建设以爱和规则为核心；⑤只有建立团队之间的信任感，才能达成良好的合作；⑥每周都要与落后的员工沟通一次；⑦每周例会上表扬一个员工。

【团队建设：对事要狠，对人要善】①按制度流程做事，严格到位，绝不走捷径；以正气本色做人，不卑不亢。②谁敢于挑战制度，谁就下位。③制度大于领导，制度就越来越硬；领导大于制度，制度就越来越软。④对人讲情面，对事讲原则，管理就是严肃的爱。⑤以爱为入口，以规则为出口，团队越来越强。结论：职业化管理必须敬畏规则与公开透明的文化。

【发现问题如何整改】管理是一个不断发现问题、分析问题、解决问题的过程，如此循环往复、永无止境。出问题了，也开会了，有的团队解决得快，不需要操心；有的没有解决，下次还会出问题。仔细了解一下，出问题的是员工，参加开会的是负责人，如果负责人只是传话筒，不去跟进，员工可能都不知如何改正，结果肯定打折扣，更有甚者，根本没有去落实。只有让出错点清楚错在哪里，并且清楚怎么改，要求才有意义。

【协同管理】有人负责我配合，没人负责我负责。

静听健谈

1. 管理者要经常进行反思管理

作为一名管理者,当自己负责的工作不能落实或落实不好的时候,一定要反观自己在不在状态,自问几个"为什么"。

一问:自己有没有追求卓越的境界?给自己设定什么样的工作目标,最能反映一个人的精神状态。同样一项工作,是争创一流,还是满足于过得去,结果截然不同。目标定低了,即便看上去落实了,也只是一种"低水平"落实。往前走,别总是站在远处观望。

二问:自己有没有迎难而上的担当?落实就要担当,干事就会得罪人,有时既要受累,还要受气,甚至受罪。有的管理者遇到问题,往上交、往下压、往外推、往后拖,导致一些工作"空转",根本上就在于缺乏担当。

三问:自己有没有一抓到底的激情?管理者一时有激情不难,难的是始终保持激情。管理者更需要学会自我管理。

四问:自己有没有常抓不懈的执着?对于管理者来说中,很多工作需要持续抓、反复抓、抓反复,还需要有钉钉子精神,一锤接着一锤敲。不怕"为时以晚",就怕"止步不前"。

2. 管理大师的认知与共识

日本著名企业家稻盛和夫将员工分成三类：第一类是不能点燃之人，这类人永远没有激情，无法点燃，只能放弃；第二类是能点燃之人，这类人需要激励，为可用之人；第三类是自燃之人，这类人自发驱动，可为大用。

很多企业总是宣称："我们公司也想发展，其他什么都不缺，可就是缺人才！"在浙江大学管理学院企业家学院鲁柏祥副院长看来，很多企业实际上是制度缺损。企业缺乏好的制度，即使人才进来也发挥不了作用；优秀的人才只有在合适的制度平台上才能真正发挥作用。

卡耐基（Carnegie）认为，忙碌是世界上最便宜的药，也是最好的药。全世界众多大师级人物都是以"忙"为生活，以"忙"为快乐。"忙"是养生妙法，忙得没有时间生病，忙得没有杂念烦恼，在忙中享"清福"，才使人神清脑健、寿享期颐。

3. 管理的误区

作为一个管理者，建立自己正确的、明确的价值标准，并通过奖罚手段的具体实施明白无误地表现出来，是管理中的大事。对此，美国管理学家拉伯福（LeBoeuf）有两大发现：

(1)你越奖励的行为，你得到的越多。你不会得到你所希望的、要求的，你得到的是你所奖励的。所以，你要求人们做出什么行为，与其仅仅停留在希望、要求上，不如对这种行为做出明明白白的奖励。

（2）人们很容易掉入这样的陷阱：奖励错误的行为，而忽视或惩罚正确的行为。结果是，我们希望得到A，却不经意地奖励B，而且还在困惑为什么会得到B。

由此，拉伯福总结出企业在奖励员工方面常犯的十大错误：

（1）需要有更好的结果，却奖励那些看起来最忙、工作得最久的人。

（2）要求工作的品质，却设置了不合理的完工期限。

（3）希望对问题有治本的答案，却奖励治标的方法。

（4）光谈对企业的忠诚度，却不提供工作保障，而且付最高的薪水给新进的和那些威胁要离职的员工。

（5）需要事情简化，却奖励使事情复杂化和制造琐碎的人。

（6）要求和谐的工作环境，却奖励那些最会抱怨且光说不做的人。

（7）需要有创意的人，却责罚那些敢于特立独行的人。

（8）光说要节俭，却以最大的预算增幅来奖励那些将所有资源耗得精光的人。

（9）要求团队合作，却只奖励团队中的某一成员，而忽视了其他的人。

（10）需要创新，却处罚未能成功的创意，而奖励墨守成规的行为。

4. 管理者切忌四种毛病

企业的一些管理者，在管理岗位上时间长了，容易产生适应性和职业倦怠，丧失了创新意识和危机感，身上不知不觉地会养成一些较为普遍的毛病。归纳起来，主要有几下几点：

（1）坐而论道。有些管理者浮躁不实，表现为言语上"狂风暴雨"，行动上"微风细雨"，甚至只说不做，脱离实际，习惯"玩空手道""练假把式"。不去管、不敢管，老好人思想，但应付各种检查和考核却能做到游刃有余。

（2）虎头蛇尾。有好的开头，没有好的结果，缺乏持之以恒的精神，缺乏一种"面壁十年图破壁"的韧劲，容易急功近利。具体表现为，一些工作开始时轰轰烈烈，中间平平淡淡，最后杳无音信。

（3）知难而退。有些管理者缺乏干事创业的冲劲和狠劲，遇事"难"字当头、"退"字当先，"等、靠、要"思想严重。结果"等"掉了机遇，"靠"出了惰性，"要"来了平庸。

（4）推诿扯皮。有些管理者将"你的"和"我的"分得十分清楚，缺乏合作意识，自设围墙，自拉自唱，故步自封，工作还没做，先张口要钱、要人、要政策；对已明确的工作讨价还价，不思进取，搞"上有政策、下有对策"，把工作当儿戏。

管理者对管理工作必须从"心"开始，时刻牢记"吾日三省吾身"的古训，时时注意到身上容易出现的毛病，在不断自省和自我修正中进步提高。

5. 管理者要明白，忙碌不一定等于成效

优秀的管理者都恪守"优先次序法则"，不管他们所管理的是大公司还是小公司。但是，并非每个管理者都会按照"优先次序法则"做事。

为什么呢？我认为有以下几个原因：

第一，我们想当然地认为忙碌就意味着能取得成就。其实，忙碌不一定等于生产力，忙碌也不一定等于成就。

第二，安排优先次序需要管理者不断地超前思考，明白什么是最重要的，下一步应该做什么，以及每件事是如何与全局联系起来的。这项工作是相当艰难的。

第三，安排优先次序，需要做一些让我们不舒服甚至非常痛苦的事。

在评估优先事项前，需要花点时间写出以下三个问题的答案：①什么是我的分内之事；②什么带给我最大的回报；③什么给予我最高的奖赏。

切记：这些不只是指在工作中，同时也包括家庭和其他责任。回答这些问题后，把你正在做的与这三个问题不太符合的事情罗列出来。你需要把列出的这些事留给下属，或者干脆放弃。

对于管理者来说，你能做的事不一定意味着你必须亲自去做。如果他人可以承担你的某些责任，或者有潜力达到这个标准，那么不妨培养他人来承担。

作为管理者，你安排优先次序了吗？你提前为组织制订计划了吗？你经常抽出时间重新审视组织中事务的优先次序了吗？如果还没有，你必须立刻完成这些事。身为管理者，仅仅自己取得成功远远不够，你还需要帮助下属们取得成功。成功人士都是按照"优先次序法则"办事的。

6. 管理者的窗口和镜子

无论是作为普通员工还是高层管理者，总会有顺利的时候，也总会有很不顺利的时候。

你若是一名高层管理者，如何应对顺利和不顺利的局面，将决定你的长期信誉。

吉姆·柯林斯（Jim Collins）在其著作《从优秀到卓越》中使用窗口和镜子来做类比，描述了高层管理者应该如何应对好时光和坏时光：

有的高层管理者在顺利之时，会去照镜子，自我感觉良好。然而，在不顺之时，这类高层管理者往往会往窗外看，寻找他人来承担责任。

也有与此不同的高层管理者。在事情顺风顺水时，他们会往窗外看，寻找应该感谢和认可的人，为的是确保赞扬得以广泛传颂，确保人们都能得到相应的表扬。在不顺之时，这类高层管理者会去照镜子，分析自己的行为，看看自己是否做错了什么，承担责任并吸取教训。

作为高层管理者，怎样利用窗口和镜子，将对他的成功与否造成重大影响。

7. 脾气好的领导，不一定是好领导

（1）越是对你有要求的，挑剔你缺点的领导，一定要好好珍惜，他才是能真正帮助你成长的好领导。

（2）强大的企业往往不会给下属安全感，而是用残酷的方式激励每个人变得强大，自强不息。

（3）总是想办法给予下属安全感的企业往往会毁灭，因为再强大的人在温和的环境中都会失去"狼性"。

（4）凡是想方设法逼出员工能力、开发员工潜力的企业都会生命不息，因为员工在这种环境下，要么变成狼，要么被狼吃掉。

（5）不给予员工安全感的企业，其实给了他们真正的安全感，因为逼出了他们的强大，逼出了他们的成长，也因此让他们有了未来。

（6）如果领导真的爱自己的下属，就考核他、要求他，制定高要求、高目标、高标准、逼迫他成长。

（7）如果领导碍于情面，用低目标、低要求、低标准养了一群"小绵羊""老油条""小白兔"，这是对下属前途最大的不负责任。因为这只会助长他们的贪婪、无知和懒惰。让你的下属因为你而成长，拥有

正确的人生观、价值观，并具备完善的品行。

让员工不断成长，就是领导对下属最伟大的爱。

8. 领导力要靠自己来努力

不同性格的人都可能成为优秀的领导者，因为领导力并不是天生的，乃是经过后天的修己和磨炼逐渐形成的。

最有效的领导者是具有自然感应力的感人者，很容易与他人相处，而且会产生良好的感应。

领导者最好以诚信为原则，以合理为标准，先把人做好，不要重做事而轻做人。

领导者的自然感应力从修己而来。领导者的修己，包括丰富的学识、适度的自信、良好的人缘三项因素，它们相互配合，就成为做人的基础。人际关系良好、常识丰富而且具有合理的自信，才能够把人做好，也把事做好。

领导者的能力，表现在判断力、表达力、创造力和协调力方面，这四种能力综合起来构成领导力。判断要正确，表达要顺畅，创造要灵巧，协调要和谐，领导起来自然更为顺乎人心而又恰到好处。

领导者一方面具有相当的幽默感，另一方面又具有庄重的威严感，使下属在亲切中产生自然的尊敬，这叫作恩威并施。能够做到恩重于威而又不影响目标的达成，才能成为圆通的领导。

每一个人都不要自认为是天生的领导人才，这样既符合事实也比较容易虚心学习。经由学习来增进领导力，先学做人，再学做事；最重要的是，通过好好做人来好好做事。

9. 管理者要高度关注负向管理

负向管理之于正向管理，好比暗物质之于物质，后者显而易见，而前者却很容易被忽视。负向管理实为低成熟度的管理，是组织发展不能承受之重，管理者必须千方百计地消弭负向管理。

任何管理行为都是既有力度又有方向的，力度代表资源投入的多少，方向代表投入产出比率（ROI），即管理效用。当 ROI＞1 时，管理效用显著，属于正向管理；当 ROI＜1 时，管理结果与行为初衷互相背离，这就是负向管理。

按照管理结果与行为初衷相背离的具体情形，负向管理可以分为三种形态：无效管理、过度管理和管理缺位。

"管也没用"——无效管理

如果用治病来打比方的话，高效管理应当是药到病除；与之相反，无效管理就是没有疗效。

如果管理者对本组织在特定时期内的主要问题、主要矛盾认识不清楚、判断不准确，或者对策方案不稳妥，资源调配不到位，工作方式不得当，就会导致无效管理，即出现人们常说的"管也没用"现象。

"管过了头"——过度管理

过度管理是指组织在特定方面过度投入管理资源的行为。从数学角度来讲，如果不考虑其他方面的因素，资源投入与管理效用呈典型正态分布关系：前期，资源投入越大、效用越高；中期，资源投入达到特定值时，效用达到最高值；后期，再继续投入资源，效用将不升反降。

与后期相对应的管理行为就是过度管理。过度管理违反了管理哲学的基本原理，对行为分寸拿捏不准，其结果必然适得其反。这就是人们常说的"管过了头"现象。

"没人去管"——管理缺位

管理缺位是指由于对组织运行的若干领域缺乏基本的计划、组织、领导和控制，所导致的混乱无序状态。这就是人们常说的"没人去管"现象。

出现管理缺位的原因有很多：①暂时性的管理缺位；②管理者感到棘手而有意回避所导致的管理缺位；③发生在管理者所忽视、轻视的领域，尤其是当管理者对本组织所处环境发生的巨大变革反应不够灵敏时，就会出现这种情况。

负向管理是负资产、负能量，其危害性是巨大的。所以，企业的各级管理者要高度关注这一问题。

10. 管理者的重要使命之一就是"带兵"

管理者的重要使命之一就是"带兵"，然后是如何"管兵"，不会"带兵"就一定不会"管兵"。很多企业不是没有好的想法，也不是没有好的产品，更不是没有好的制度及激励，而是没有好的团队。而没有适合的人才，很大一部分是因为管理人员"只管不带"。具体体现在：

只会做，不会教；只会处罚，不会纠正；只管结果，不管过程。而带兵的核心就是训练，管理人员只有成为一名合格的教练，才能真正管好队伍。

管理者首先要是一个合格的士兵，然后要掌握训练或培训士兵的手段，并将训练或培训作为重要的管理手段。

管理的基础是可替代性，而不是任其发展成为稀缺资源。

管理需要执行力，而执行力的基础是技能与能力；会做、能做才会有执行力。管理者的问题很多是因为"不能"而造成的。

管理中还要注意"压与拉"的结合。所谓的"拉"，就是建立表率；所谓的"压"，就是进行淘汰。"从好到差"就是"拉"，"从差到好"就是压。

11. 管理要"求真务实"

"求真务实"这个词人们听得多了，往往只将它当作一句口号。恐怕很多人从来没有认真思考过"求真务实"究竟是什么意思。

首先是"求真"。所谓"求真"，是指追求事物发展的真理所在和寻找事物发展的客观规律。"求真"体现的是一种科学的态度，"求"是一种职业理想。"求"往往是学习的过程，学习是突破个人成长上限的唯一途径。

其次是"务实"。所谓"务实"，是指坚持实事求是、从实际出发，研究完成某项工作的具体方法，并按步骤实施。"务实"体现的是一种实干的精神。"务"重在过程的控制,追求尽善尽美。

今天,一些管理者在工作中缺乏求真务实的过硬作风。"假"的东西多了,"虚"的东西多了,"空"的东西多了,很少去调查研究,喜欢空想、华而不实,浮在水面上,看领导的眼色行事,疲于应付。很多时候,我们都知道要做什么,但是知道以后却不去做。只是知道是没有力量的,相信并去做了才是最有力量的。

对于企业来说,管理者是一种稀缺资源,每一名管理者都要珍视自己。管理是管理者的工作,也是管理者的生活。因此,管理做到求真务实,同时也就养成了一种健康的生活态度。在工作中要说到做到,杜绝说一套做一套。要始终兑现自己的承诺,而不是有时兑现,有时不兑现。

12. 关于培养"人才"的六个关键词

(1) 识人

古语云:"为治以知人为先。"知人善用,知人即识人,识人即发掘人才,此为首要。"得人之道,在于识人。"识人重在观察和考察,观言行、察德能。识人也是一种领导能力,有"先有伯乐,后有千里马"之说,正所谓:"何世无才,患在不识。"

(2) 爱人

人才是最稀缺最宝贵的资源,也是团队的核心竞争力。一个组织只有珍惜、爱护人才,才能培养、造就人才。人才在成长过程中,往往是脆弱的个体,容易遭受挫折、失败和打击,这就需要关心、保护、引导和鼓励，为他们担当，帮助他们走出迷茫，不至于消沉下去。

（3）用人

"人尽其才，物尽所用"，讲的是要用对人才，充分发挥其效用。"用人所宜"即用人取其专长，扬其长避其短。用人还需容人，容人所短方能用人所长，即用人不宜刻薄。古语云："用人不宜刻，刻则思效者去；交友不宜滥，滥则贡谀者来。"

（4）育人

人生不过百年，却说"十年树木，百年树人"，意喻培育人才是一件非常不容易的事。育人如育苗，要浇水施肥、悉心栽培；育人关键在实践，要率先垂范、言传身教。以育人的方式带人，才能带好人，进而带好团队。

（5）引人

用人者必先赢得人心，赢心才能留人，留人才能引人。所谓"筑巢引凤"，即网罗天下人才为我所用，必先创造一个吸引人才的环境，营造尊重人才的氛围，搭建人才施展的平台，提供人才成长的土壤，形成人才激励的机制。

（6）聚人

以事业聚人。聚人，聚智，聚财，聚气，聚势，"集合众智，无往不利"。聚人的力量就是团结的力量，就是发展强大的力量。以聚求变（变革），即"聚变"；以聚求分（分享），即"财聚人散，财散人聚"。

第 3 章

营销之道

Chapter
Three

第1节 什么是销售？

【什么是销售】销售是指说服、诱导他人采取行动或接受某种事物的行为。销售绝非仅仅是一份工作，它还代表一种生活方式。实际上，每个人每天都在使用推销手段，无一例外，它是人们生存及谋求幸福生活的必要条件。生活的好坏取决于你是否有能力把你信赖的事物成功推销给其他人。

【销售的实质】推销不是要把产品或服务硬塞给客户，而是帮助客户解决问题的。只有你看得起自己，客户才会信赖你，肯定你的价值。自卑是影响销售业绩的不良心态，只有改变它，将自卑变为奋发向上的动力，才能走向成功和卓越。

【销售卖的是什么】生客卖的是礼貌，熟客卖的是热情，急客卖的是效率，慢客卖的是耐心，有钱卖的是尊贵，没钱卖的是实惠，享受型卖的是服务，挑剔型卖的是细节，犹豫型卖的是保障……

【销售三境界】①围人：能将客户围住，并软磨硬泡，初步具备接近客户、推介购买的能力；②维人：建立长期稳定的关系，不是简单的买卖关系，而是朋友、伙伴关系；③为人：不只是把产品卖出去，同时把自己也销售出去。

【四点销售真理】 ①不要轻易放弃任何一个客户，哪怕他在别处已经成交；②一个已经在别处成交的客户，也许也会在你这里成交；③维系老客户比开发新客户更容易； ④即便客户已经与他人签了终身合同，只要你的产品足够好，也可以让客户回头。

【销售的八大信仰】 ①绝对地相信你的产品；②客户不都是上帝，但却决定着你的前途；③压力是成长的熔炉；④思路时刻清晰；⑤我们的价值是因问题的存在而存在的；⑥忠诚职业比忠诚企业更重要；⑦不要忘记业绩是护身符；⑧尊重你的每一个领导。

第2节　如何成为一名优秀销售员？

【销售员、销售经理和销售总监的区别】 销售员：知道今天要干什么，最多知道下几个月要干什么；销售经理：知道这个月要干什么，最多知道今年要干什么；销售总监：知道今年要干什么，最多知道明年和后年要干什么。对未来知道得越多，就会为未来提前做好越多的准备。合作一代，开发一代，储备一代，这就是销售。

【有强大的自我驱动力才能做好销售】 销售的性质决定了这是一份会不断被客户打击和拒绝的工作，失败的次数要远远大于成功的次数。自我驱动力弱的人，会在不断的失败和打击之后彻底丧失再继续干下去的勇气和决心；相反，自我驱动力强的人则会越挫越勇，将失败视为一种激励因素，加倍努力地去开发客户。同时，自我驱动力强的人将成交视为自己的价值使命，能够从征服客户的过程中获得成就感，并通过成交来证明自己的价值。

【十种人不适合做销售】①想双休的人；②想朝九晚五的人；③想靠底薪生活的人；④没有企图的人；⑤没有与时俱进思维的人；⑥做事慢悠悠的人；⑦品行欠佳的人；⑧不敢担当的人；⑨老觉得自己产品太贵的人；⑩老抱怨企业不足的人。

【把销售当作自己的事业】①下定决心，致力于销售事业；②把销售事业当作一种责任和义务去认真履行；③坚持不懈地努力、努力、再努力，直到达成交易；④不为失败找借口，只为成功想办法；⑤做好心理准备，应对各种困难和障碍以及难搞定的客户。

【销售人必须思考的四大问题】①什么是失败？放弃就是最大的失败。②什么叫坚强？经历许多磨难、委屈、不爽，才知道什么叫坚强。③你的职责是什么？比别人多勤奋一点、多努力一点、多一点理想，这就是你的职责。④傻瓜用嘴讲话，聪明人用脑袋讲话，智者用心讲话。

【合格的销售员要具备两个条件】①魄力。无论你销售的是什么产品，都需要有丰富的产品知识，要有充分的自信心。②心态。销售就是在不断的失败中摸索的行业，面对失败要坦然，面对成功要淡然，更要有不断归零的心态。

【销售精英具有老板思维属性】销售员可以一个月挣别人几倍的工资，也可能每个月只拿基本底薪，差别在于：一切操之在"我"。被领导整天紧盯着才能做出业绩的销售员，不会有太大出息。优秀销售五要素：清晰的目标、极强的自律性、吃苦的精神、对细节的敏感、追求客户价值！这都是老板思维。结论：具有老板思维的人才能成为销售精英，才能赚到大钱。

【什么是优秀的销售员】顶尖的销售员在进门的那一瞬间，就可分辨出来。"腹有诗书气自华"，一个优秀的销售员，在销售技巧与话术上做足准备，且在销售过程中积累足够的经验，那么，这种气质便可以透过举手投足，在不经意间传达出来。

【优秀销售的原则】①真诚地从客户的角度了解一切；②谈论客户感兴趣的话题；③主动了解如何满足客户的需求；④给予客户足够的信息，并提供解决办法。

【优秀的营销员必须懂得这些】①脸皮一定要厚，心一定要细；②吃老本就是丢失老本，最终将无立足之地；③永续学习、永续创新，是职业营销人必备的素质；④懂得低头和微笑；⑤耐得住寂寞；⑥拜访才是硬道理，客户让你成长。

【优秀销售员的"三力"】①自信力：无论你销售的是什么产品，都需要有丰富的产品知识，要有坚定的自信心，千万别认为自己比客户低一等；②学习力：学习产品知识、客户服务、广告、渠道等；③行动力：销售就是在不断的拒绝、失败中成长的工作，面对失败要坦然，面对成功要淡然，行动第一，归根结底是"思想力+行动力"。

【销售精英的四大修炼】①练脸：脸皮薄的人干不了销售；②练腿：没有营销经验不是问题，坚持行动才能快速成长；③练识：要勤于提升专业，懂得营销知识很重要，分析市场、聚焦客户和聚焦产品；④练道：从做营销的第一天开始就修炼人格，营销就是练道，道正了术就对，价值观引导客户。结论：销售精英都是具有正能量心态、积极主动的人。

【成功的销售员要掌握的六个核心要素】做事态度、产品知识、销售技巧、落实执行、形象仪表、借助外力。做销售，不要去缠着客户，而要像朋友一样给予合理的建议。有点贵，没错！因为好，所以贵！贵在品质，贵在价值，贵在服务，贵在没有欺骗。你若珍贵，一切不贵！

【优秀销售员的特点】①能接受被拒绝；②不顾一切地追求订单；③有选择地听；④以自己的故事为卖点；⑤学会问问题；⑥得到问题的答案；⑦知道价格不是问题；⑧愿意承受压力并坚持到底；⑨相信销售是件好事；⑩不断训练、时刻准备；⑪按规则或规律办事。

【优秀销售员的六大特点】①80%的业绩来自1~3个核心客户；②与客户之间的关系非常密切，总是跟客户在一起；③会专注于某个行业，对某一类客户的了解非常深入；④会花几个月甚至更多的时间重点攻克一个客户；⑤在圈子里很活跃，总能得到第一手信息；⑥在非工作时间也经常和客户在一起，因为这样更有效。

【一流销售员的七个习惯】①很有自信；②高效率；③善于学习和自省；④不安于现状；⑤抛弃"面子"；⑥吃苦耐劳；⑦有人生目标。

【优秀销售员的十个好习惯】 ①不说尖酸刻薄的话；②牢记客户的名字，养成翻看客户档案的习惯；③尝试着与你讨厌的人交往；④尊重客户的隐私；⑤多人在一起的时候，当你与其中某个人交谈时，请不要无视其他人的存在；⑥勇于认错，诚信待人；⑦以谦卑的姿态面对身边的每一个人；⑧做善于倾听的人；⑨让对方先说话，多说话；⑩就别人的兴趣谈论——投其所好。

【如何成为优雅的销售员】 ①不要将个人情绪传递给客户；②学会礼貌而灵活地说"不"；③不要随便说"我不知道"；④多看客户的眼睛；⑤经常说"谢谢"；⑥时刻提醒自己保持真诚的微笑；⑦善于耐心聆听；⑧保守客户的秘密；⑨及时承认自己的错误；⑩对客户提出的任何建议都不要反驳，而要感激。无论客户的想法是对是错，都要尊重他们的意见。世界上最有力的一句话莫过于"对，你说得没错！"还有就是"我同意！"人们的行为是由思想支配的，如果你了解客户的思想，那你对客户必定也能了如指掌。

【销售员要警惕这七种常犯的错误】 ①被客户牵着鼻子走；②在会谈之前没有进行调查；③说得太多，听得太少；④向客户提供不相关的信息；⑤准备不充分；⑥错失推销的机会；⑦停止寻找潜在客户。

【销售常见七宗罪】 ①没有亲自负责；②不理解客户的业务；③成了对手，而不是盟友；④销售产品而不是解决方案；⑤在需要你的时候找不到你；⑥销售但没有提供帮助；⑦浪费客户的时间。

【销售团队激情减退的原因】 ①技能：开发跟不上，信心受挫；②心态：坐吃老本，小富即安；③产品：找不到优势，质疑企业能力；

④激励机制：馅饼画得太大够不着，或者画得太小而看不上眼；⑤管理：反馈的工作困难或客户问题得不到改善；⑥自身：没想过要做好销售。

【低收入销售员的特征】①在办公室待着的时间与文员差不多，一个月见客户不超过10次；②开发新客户时，仅电话预约或拜访一次便放弃，缺乏坚持；③经常议论高收入同事的是非，觉得企业对自己不公平；④8小时工作，很少主动加班；⑤经常抱怨企业产品的价格、质量和竞争力问题，但从没想过办法来解决自己的问题。

第3节　如何销售产品？

【营销的核心】①信任：只要别人信任你，什么都好卖；如果别人不信任你，什么都不好卖；②信任是一种结果，而建立信任的过程，不仅仅是说出来，而是做出来，让客户感觉到；③企业要做强做大，核心就是品牌，因为品牌的核心价值就是带来信任。

【销售"三动"之后，必有成交】①主动：只有主动找客户、找资源，主动学习，主动帮助伙伴与客户的人，才会有高收入；②行动：不管是顺境还是逆境，唯有行动，才能突破困局；③感动：感动自己，感动客户，感动社会，销售的本质是感动。

【营销系统五步法】①营销规划：包括产品规划、产品定位、卖点提炼；②业务流程：从销售准备、收集客户资料、拜访、成交等一系统业务流程化；③销售团队打造：通过批量打造营销队伍，提升战斗力；④客户服务：感动式服务，提升客户黏度；⑤搭建传播平台，提升知名度。

【与营销有关的五个神秘数字】 ①最适合的价格=（最高价-最低价）×0.618+最低价；②250定律：每一个客户的背后，大体上都有250名亲朋好友；③宇宙法则：78∶22；④1%定律：任何一种销售方法，只要能达到1%的成功概率，即正常合理；⑤80/20定律：80%的销售业绩由20%的人完成。

【销售的是什么】 答案：自己。世界汽车销售第一人乔·吉拉德说："我卖的不是我的雪佛兰汽车，我卖的是我自己。"贩卖任何产品之前，首先贩卖的是你自己，产品与客户之间有一座重要的桥梁，那就是销售员本身。在面对面销售过程中，假如客户不接受你这个人，他还会给你介绍产品的机会吗？

【面对面销售】 成功地销售自己，让自己在客户心中留下良好的印象，诚实、可信、有趣都是良好的品质。初次留下良好的印象能让客户对你打消顾虑，敞开心扉。所以，直销人要注意自己的仪容仪表，提前做好功课很重要。为成功而打扮，为胜利而穿着。销售员在形象上的投资，是销售员最重要的投资之一。

【销售过程中售的是什么】 答案：观念。观——价值观，就是对客户来说重要还是不重要的需求；念——信念，客户认为的事实。在向客户推销你的产品之前，先想办法弄清楚他们的观念，再去配合他们。如果客户的购买观念与我们销售的产品或服务的观念有冲突，那就先改变客户的观念,然后再销售。记住:是客户掏钱买他想买的东西,而不是你掏钱;销售员的工作是协助客户买到他认为最适合的东西。

【买卖过程中买的是什么】 答案:感觉。人们是否购买某件东西,通常由一种决定性的力量支配,那就是感觉。感觉是一种看不见、摸不着地影响人们行为的关键因素,是一种人和人、人和环境互动的综合体。企业、产品、人、环境、语言、语调、肢体动作都会影响客户的感觉。假如你看到一套高档西装,价钱、款式、布料各方面都不错,你很满意。可是销售员跟你交谈时不尊重你,让你感觉很不舒服,你还会购买吗?假如同一套西装在菜市场的地摊上出售,你还会购买吗?不会,因为你的感觉不对。

【买卖过程中卖的是什么】 答案:好处。好处就是能给对方带来什么快乐和利益,能帮他减少或避免什么麻烦与痛苦。客户不会因为产品本身而购买,他购买的是通过这个产品或服务能给他带来的好处。所以,一流的销售员不会把焦点放在自己能获得多少好处上,而是放在客户会获得的好处上。当客户通过产品或服务获得确切的利益时,客户就会把钱放到我们的口袋里,而且还要向我们说谢谢。

【面对面销售过程中客户的心理】 ①你是谁?②你要跟我谈什么?③你要谈的事情对我有什么好处?④如何证明你讲的是事实?⑤为什么我要向你购买?⑥为什么我要现在向你购买?因此,在拜访客户之前,要先把自己当客户,提出这些问题,然后自己把这些问题回答一遍,设计好答案,并给出足够的理由。客户会购买他们认为对自己最好、最合适的。

【销售过程中的心理学】 ①客户要的不是便宜,而是感到占了便宜;②不与客户争论价格,要与客户讨论价值;③没有不对的客户,只有不好的服务;④卖什么不重要,重要的是怎么卖;⑤没有卖不出的货,只有卖不出货的人。

【客户最需要的是在付款瞬间的服务】 在客户付款后马上要做的事:①给他一次梦想成真的体验;②给他意料之外的惊喜;③用服务带给他满足感和自豪感。

【售后服务的重要性】 销售前的奉承,不如销售后的服务,这是获得永久客户的不二法门。售后服务,不仅是对产品使用效果的反馈,更是增加与客户联系、促进买卖双方情感交流的机会。拒绝是推销的开始,服务是利润的开始。经历过拒绝,积累的是耐心、恒心与宝贵的经验,是下一次成功销售的基石。

【销售不跟踪,最终一场空】 美国专业营销人员协会报告显示:80%的销售是在第4~11次跟踪后完成的。如何做好跟踪与互动?①特殊的跟踪方式加深印象;②为互动找到漂亮的借口;③注意两次跟踪的间隔,建议2~3周;④每次跟踪切勿流露出急切愿望;⑤先销售自己,再销售观念。

【如何树立口碑】 答案:超越客户期望,带给客户感动的细节体验价值。如果在五星级酒店给客户提供五星级服务,就不会有什么口碑;但如果是在二星级酒店提供三星级服务,就可能获得口碑。小米手机的客户体验精细化有了口碑；海底捞的火锅味道虽无特别之处，但是其无微不至的服务细节有了口碑。结论：超越客户期望才是赢得口碑的开端。

【客户见证】不要自己介绍自己的产品多么好，让客户说，让身边人说，一个客户的见证胜过你的千言万语！客户见证要素：①名人见证；②见证结果，不要见证过程；③购买理由；④数字化见证；⑤同行见证。

第4节 如何开拓客户？

【企业如何获得客户和资源】企业要获得客户和资源，新的路径是"上要接云，下要建群"。首先是"接云"：企业实现全面"云"化，可在"云"上取得各种资源和能力，"上云"是资源社会化的最佳途径；同时，要"建群"：社群经济是一个大趋势，建立社群是获得客户的新路径。

【企业应全力为客户创造价值】对于企业而言，客户和竞争者孰轻孰重，应该是客户远高于竞争者。企业应全力关注客户而非竞争者，全力以赴为客户创造价值。创造客户价值是无止境的，企业的利润是客户价值的分享。

【企业应深度开发与客户的关系】企业要成为客户某种需求的"管家"，如汽车就是"车管家"，衣服就是"衣管家"，体检就是"健康管家"。要比客户自身更了解客户的情况和需求，提供针对性的解决方案，与客户成为命运共同体。

【企业如何留住客户】 企业要真正留住客户，就要用自己的技术、诚信、质量、服务去感动客户，这样客户才愿意买你的产品。信用积累起来很难，毁坏起来却很容易。花十年时间积累起来的信用，可能会由于微小的言行而毁于一旦。一个好的企业要承担起责任，不仅承担起对员工的责任、对股东的责任、对合作伙伴的责任、对客户的责任、对市场的责任，更要承担起对行业的责任和与时俱进的时代责任。

第 5 节　如何拜访客户？

【销售业绩从拜访客户开始】 一个资深销售员即使能力再强，如果不能经常拜访客户，也只是纸上谈兵。一个行业新手即使能力再弱，但如果每天坚持拜访 5 家客户，一个月后 100 家客户会告诉你他们需要什么，怎样才能签单。 拜访量越大，能力提升越快。所以，不管做任何工作，主动出击和勤奋都是最有效的武器。

【销售过程如何进行商业拜访】 进行商业拜访时，对人员的数量要有所控制。单人去不合适，很容易让对方认为你实力太弱或是不够重视；若是去的人数超过三个也不合适，过多的人会给人压力。一般来说，上门的人数最好控制在两人，或者与对方的出场人数相对应。另外，人员要有所分工：有人负责主谈，有人负责副谈，切忌大家都抢着和对方老板说话。

【沟通的七个技巧】①"闲聊"是与人交谈的重要组成部分,应学会"闲聊";②适当地暴露自己,以自己为话题开始谈话,增加对方对你的信任;③附和对方的谈话,使谈话气氛轻松愉快;④学会倾听,不要随意打断别人的讲话;⑤不失时机地赞美对方;⑥掌握批评的艺术;⑦学会表达感谢。

【与客户聊天的艺术】①了解对方的兴趣,选择共同话题;②以倾听为主,甘愿充当配角;③避免不必要的细节,不钻牛角尖;④在一个问题还没弄明白前,不要问新的问题;⑤不要打断客户;⑥不要反驳,尤其是不重要的话题;⑦不要滔滔不绝,给客户留足说话时间;⑧别忘记赞赏客户。

【拜访客户要做的三件事】①注意让客户说,自己每说45秒,一定要调动客户说15秒,保持和对方语速一致;②交谈3分钟后,就要找到客户的兴趣范围,引导话题到对方的热点区;③努力让客户记住自己的独有特点,而不是公司或产品的,关注对方的心理预期、性格特点、素质和阅历。

【如何提高自己的讲话档次】①描述事情要具体;②讲话要有逻辑,才能说得清楚;③讲话的深刻程度取决于知识储备;④讲话的成败与是否会营造气氛息息相关;⑤讲话的说服力很大一部分取决于说话的方式,包括声音、表情和身体语言;⑥讲话要有结论,但不要一开始就下结论。

【如何展现人格魅力】①微笑;②不谈论沉重话题;③倾听时有所回应;④做几个让人印象深刻的表情;⑤不要后背靠在椅子上;⑥目

光专注对方的"三角区";⑦让对方多说话;⑧不要透露过多个人细节;⑨减少说话时的手势;⑩不掩饰自己的缺陷或错误;⑪说话时减少口头语。

【销售八大信仰——通往成功大门的钥匙】①绝对地相信你的产品;②客户不一定是上帝,但却决定着你的前途;③压力是成长的熔炉;④思路时刻清晰;⑤我们的价值因问题的存在而存在;⑥忠诚职业比忠诚企业更重要;⑦不要忘记业绩是护身符;⑧尊重你的每一个领导。

【优秀销售谈判的特点】①以扎实的数据做支持;②有严谨的逻辑支撑;③懂得当的社交礼仪;④有敏锐的环境洞察力;⑤具有灵敏的话题嗅觉;⑥能做到得体的气场控制;⑦用优秀的口才表达。

【怎样争取客户】①脚勤:满足客户需求是王道,多在市场上跑动,望、闻、问、切,才能掌握客户最本质的问题所在;②手勤:无论是会面还是会议,及时记录并发送至相关人员,既专业,又能将思路集腋成裘;③嘴勤:对内持续宣传愿景和使命,才能让团队步调一致,对外传播产品理念,好酒也怕巷子深。

【不卖产品,只卖方案】①方案要无懈可击;②要让客户无法抗拒,而解决客户抗拒的最好方法是让客户在一开始就无法抗拒;③是客户要买,而不是你要卖,让客户意识到找你购买是最好的。

【失去客户的八把"无形利剑"】①侵略性太强,咄咄逼人;②不真诚,不在意客户的需求、问题和感受;③喜欢操纵客户,一副"我比你更懂你"的姿态;④急于告诉客户"这都是你要的";⑤不善倾听与询问；⑥专业性不够；⑦只把客户当钱包，对客户个人情况完全不了解；⑧功利心太明显。

【销售感悟】①销售的最高境界是做市场，次之是找市场，最差的是等市场；②销售的好业绩来自一个好的过程控制，没有一个好的过程就不可能有一个好的结果；③销售就是把别人的池塘里的鱼捞到自己的鱼塘里来；④销售管理就是有一套高成交率、可以反复成交、持续创造利润、持续培养人才的系统；⑤双赢才是"赢"，欺骗客户的销售最终将走向毁灭。

静听健谈

1. 销售的再定义和销售模式的再反思

在销售领域有一个奇怪的现象：绝大部分销售员和管理者的精力都放在"如何把事情做对"上，比如如何做关系，如何演示产品，如何了解需求等，却极少有人考虑"如何做对的事情"，或者把"如何做对的事"这个艰巨的任务交给销售新手。

我们回想一下医生通常是怎样看病的：医生会先让你去拍片，然后根据片子开出诊断书。注意：并非只拍一次片，而是每回诊断都让你拍一次，以便随时根据片子的变化做出新的病情分析。不拍片就动手术是有巨大风险的，不做分析就进行销售是要丢单的。如果一个销售员告诉他的经理，他的某个项目很有戏，但又说不出一二三四，那么这个项目十有八九没戏。所以，销售要有策略、有分析。

很多企业培养大量销售员，用"人海战术"去做大市场。实践证明，这是不可行的。培养销售员时间长、成本高、收益慢、风险大，且成功率不高。企业发展到一定程度，靠销售员的个人销售水平难以提升企业的影响力。

销售，对内，是企业的一部分；对外，应该是市场的一部分。这样的销售才有生命力。企业真正要做好的是市场，具体包括市场战略、市场运作、市场整合、市场推介等。狭隘的销售行为应该逐步从企业中剥离出去。如马云的阿里巴巴、乔布斯的苹果，做的都不是销售而是市场。苹果公司没有销售员，但产品却销售得很好，为什么？有一帮人为你去销售产品，你却不知道他们的姓名。

成功的销售模式是做平台，做资源的嫁接和共享（我们通常说的"合作销售"只是雏形）。当今社会，分工越来越细，企业的重心应在提供优质的产品和创新性的服务。

传统产业的中大型企业很少去研究市场模式的革新，传统销售模式已经成为束缚企业发展的思维定式。如何解放销售环节，使企业破茧而出，这才是我们真正要研究的课题。

再来探讨一下：传统销售模式大多是单兵作战，指向单一的终端客户，卷起裤腿去找项目；而企业未来的市场营销，其对客户的认知应该趋于模糊（淡化单个客户的管理，更注重群体效应），指向的并非终端客户，而是驱动终端客户的中间能量。例如，在各个区域市场，企业需要寻找和发掘地区最强的经销商、渠道商。这些经销商、渠道商往往在当地有很强的人脉，企业应与他们建立合作，通过引导和培植，形成"四两拨千斤"的双赢机制，驱动他们为我们凝聚区域客户资源，做到借力发挥、隔山打牛。在专业市场上也是同样的道理。

总之，企业市场的出路，牵一发而动全身。首先需要思想的解放、理论体系的不断完善和渐进；其次需要企业组织和体制的大胆革新和实践。

2. 四点助你成为优秀销售员

没有市场就没有工厂，市场是决定企业生死存亡的命脉。销售强，则企业强。什么是销售？销售就是把产品变现的过程，不仅要把产品卖出去，还要把产品卖好价。实现这个价值转换过程，就需要一定的职业人员，也就是企业的销售员。一个企业应该两条生产线并行：一条是制造产品的生产线；另一条是制造人才的生产线。企业往往不缺好产品，缺的是把产品卖出去的人，尤其是优秀的销售员，是企业的宝贵财富，是能够踢好"临门一脚"的关键人物。销售员对外代表着企业形象，也是联系企业与客户的桥梁，优秀的销售员能够在企业与客户之间架设一座"金桥"。当前市场竞争日趋激烈，优秀的销售员不仅要善于卖产品，更要向客户提供系统的解决方案。这就对销售员的综合素质、创新能力提出了很高的要求。那么，如何才能成为一名优秀销售员？

（1）能力创造财富

有人说从事销售工作，依靠的机会多一点，技能少一点。其实这是一种错误的认识。销售有碰运气的一面，但对于绝大多数销售员来说，销售业绩的差异恰恰取决于销售技能的差异。销售工作中，不仅需要销售员能够吃尽千辛万苦、踏遍千山万水、走进千家万户、说尽千言万语、想尽千方百计，更需要的是坚定执着、勤奋踏实、不断学习提升、勇于创新突破、敢于挑战自我和标杆。

那么，销售员应该掌握哪些基本技能呢？①企业技能，对所在企业有深入的了解；②行业技能，对所从事的行业有深入的了解；③产品技能，对销售的产品有深入的了解；④竞争技能，对主要竞争对手有深入的了解；⑤客户技能，对目标客户有深入的了解；⑥形象技能，注重提升个人的外界形象；⑦沟通技能，拥有较高的情商；⑧文化技能，提升个人的文化修养；⑨管理技能，学会管理自己、管理市场、客户、对手、项目、货款、目标、计划、时间以及其他一切与销售相关的事务；⑩成长技能，不断学习、时常自省、及时总结、虚心改进、大胆探索、敢于实践、力求创新、学会减压、善于调整心态。

（2）成功赢在人脉

企业经营的过程中，只经营产品是远远不够的，更重要的是要学会经营人脉，要善于整合人际资源，并且使其效用达到最大化。当然，讲人脉，不是要大家一味地钻研"关系学"，学会投机专营。销售的最高境界是赢得人心。

因此，在推销产品之前，要想着如何将自己推销出去。首先，要使自己成为一名"杂家"，就是"于百家之道无不贯综"，什么都要知道一点。要广交朋友、爱好广泛、博采众长、兼收并蓄。所有这些会使你在适当的时机展现自己，找到与朋友或客户交流、沟通的话题，从而赢得好感。其次，要做到诚信为先。做销售，最重要的不是积累金钱，而是积累信誉、积累人心。如果你真正拥有了人心，才真正拥有人脉，真正拥有机会和金钱。

（3）习惯主宰人生

英国著名哲学家培根（Bacon）曾说过："习惯是一种顽强而巨大的力量，它可以主宰人生。"没有人天生就拥有超凡的智慧，成功的捷径恰恰在于貌似不起眼的良好习惯。那么，如何培养良好的习惯？关键要自尊自律，学会自我管理。宝胜集团有这样一条文化理念："把第一件事情做好，把每一件事情做好。"西方也有这样的一句名言："有什么样的思想，就有什么样的行为；有什么样的行为，就有什么样的习惯；有什么样的习惯，就有什么样的性格；有什么样的性格，就有什么样的命运。"这都是强调从源头养成良好习惯的重要性。优秀是一种习惯，落后也是一种习惯。"遵守纪律、服从命令、完成任务"是销售员的职业准则。尤其是刚刚从事销售的人，需要的最大决心是改变自己，而不是三分钟热度。应该在内心当中有一个成功者作为标准，坚信只要一步一步地做，未来的成果就会更丰盛。同时，要不断地思考、反省，在销售过程中究竟有哪些不好的行为会成为不好的习惯，并坚决摒弃它。

（4）心态决定一切

从事销售，要保持销售的状态，要时刻充满激情，保持"箭在弦上"的激进状态。销售是一个充满挑战的职业，因而激情更显得重要。对于做销售来说，激情就是被乘数。无论市场多大、政策多好、产品多新、人脉多广、机会多多，如果激情是零，一切都会变成零。有了激情，就会给对手压力、给团队活力、给自己动力，就会有"将小单做大""将死单做活"的魄力；没有激情，就会丧失斗志，变得退缩、畏惧、懒惰、安于现状。"我们改变不了事实，但可以改变态度；我们改变不了过去，但可以改变现在；我们不能预知明天，但我们可以利用今天；我们不能样样胜利，但可以事事尽力；我们无法保证每战必胜，但必须做到全力以赴、坚持到底……"成功没有捷径，成功在于勤奋＋智慧。优秀的销售员都是锲而不舍、绝不言弃的人，都是善于苦干、实干、巧干的人。特别在社会的转型时期、企业的跨越发展阶段，更要突破那些条条框框,不断推进营销模式的创新,努力改变传统单兵作战模式,推进从个人销售到团队营销、产品销售到品牌营销、机会销售到战略营销的转变。

销售兴人,销售兴企。很多企业的发展的历程,就是销售员不断复制成功经验、投资兴业创业的奋斗过程。我国有很多成功企业家都是从销售员开始起步的,如我们熟知的阿里巴巴的马云、吉利集团的李书福、格力空调的董明珠等。还有很多企业家,都是从优秀的销售员成长为创业者、企业家。从事销售职业,不仅要为自己搭建一个创造财富的平台,更要坚守"一人富、一家富、一企富、一地富"的信念,拓展一片市场,影响一批客户,振兴一家企业,发展一个产业,造福一方经济,从而成就人生更大的辉煌。

3. 人脉关系的建立:关键不是你认识谁,而是谁认识你

不能局限于原有的客户资源,而要不断开拓新客户的资源,通常保持20%的新客户或潜在客户数目的增加,给自己设定每天认识新朋友、接触新客户的目标,长期坚持,把75%的时间花在你不认识的人身上。

你的朋友也许不是你的客户,但是你朋友的人脉里也许能有你的客户来源,不断去认识朋友并维持关系,发展优质人脉,赢得在销售中起决定作用的人的青睐,最终能够从中发掘到潜在客户。

目标客户聚焦原则:瞄准靶心再开枪;锁定客户再出手;不要用机关枪打鸟;不要大海捞针;目标要单一;精准并聚焦。所以,方向不对,努力白费。目标和远见能使你看到别人看不见的事物,做到别人做

不到的事情。

感动客户的不是想法,是行动;真正有意义的不是销售的实际价值,而是客户心目中的价值。客户的感动＝付出×时间。感动需要耐心,不仅是耐心地等待,还有耐心地联系。感动七点:微笑多一点;嘴巴甜一点;行动快一点;效率高一点;脑筋活一点;肚量大一点;付出加一点。

4. 面对销售指标,应该怎么想和怎么做

新的一年,面对新的指标,每个人的心情都很复杂,处于市场一线的人员更是如此,感到压力巨大,甚至为指标所困。那么,面对指标,我们应该怎么想、怎么做?

(1)不谈进步,谈起步

别人谈进步,但我们自己应该谈起步。为什么?谈进步,你的参照物是过去;谈起步,你的参照物就是未来。不管过去怎样,从现在起步,赶紧做我们应该做的事,因为市场催促我们不能懈怠,我们应该快乐地面对挑战。这就是起步心态。

从零起步也很精彩。起步了就要走,停下来就会回到原点;只有起步了,才能加速。

我们学习驾驶,"起步"是基本功,也是关键。只有保持正确的驾驶姿势、规范的动作,目视前方,才能平稳起步。

人的一生中,起步是最重要的。当然,人生中包括无数次的起步,每一次起步都要把握正确的方向。

不管到什么时候,也许在别人眼里你已经算成功了,但对于巨大的市场、漫长的人生,这仅仅是一个起步。

(2)不重结果,重过程

指标是我们所要的结果,我们更应该看重的是过程。过程在于平时的累积,结果只是过程的产物。轻过程,重结果,最终会收获失望;重过程,盼结果,会有更多意外的收获。

对于销售员来说,重过程,就是扎实走好每一步,精于计划和善于总结,写要做的、做写了的、记做了的。

对于市场管理者来说,重过程,就是重管理、严执行、讲方法、多研究。管理者要敢管、要管、想管,要有铁的纪律、铁的心肠、铁的手腕和铁的面孔。这样才能得到我们想要的结果。

(3)不讲困难,讲数字

困难、困难,困在那里就难。不讲困难显然是一种积极的状态,就是不找理由、不讲条件、不打折扣、不辱使命。面对困难,不讲困难,才能积极应对,展现出饱满的精神、昂扬的斗志。

销量多少?市场占有率多少?项目多少?客户数多少?利润多少?这些数字应该时时刻刻萦绕在销售员和管理者的脑海里。我们要天天讲、一遍遍地讲。

销售始终是一种上量的艺术,所以这个世界上才会存在所谓的最伟大的推销员。有很多并不伟大的推销员,也自豪地宣称,曾经把"土"

用"黄金"的价格卖掉过,但这只是个偶然的意外。

(4)不要自卑,要自信

也许一个自信的人的能力并不如一个自卑的人,但是就因为前者多了一份自信而后者多了一些自卑,可能前者获得了成功。而自信与自卑完全取决于自己。在市场上,人人都是领导者,因为你至少领导着一个人,就是你自己。想做一个成功的销售员,必须先学会领导自己,从自信开始。

自信成就强者,而弱者只会自怨自艾、自悲自叹。只有树立自信,通过努力,才会成为强者。

(5)不做短跑,做长跑

做市场是长跑,但不能以短跑的方式长跑。一味地拼命短跑不仅很累,更不会走得很远,市场也不会做大。因此,作为一名成功的销售员和市场管理者,既要注重速度,更要培养耐力。做市场的耐力在于积累、坚持、投资和经营。

准备长跑,就要锻炼自己掌控市场的能力,培育越来越多的客户关系,掌握越来越多的优势资源,成为销售专家和市场管理专家。

5. 销售本身创造了需求

今天的客户,不仅关注产品或服务本身,更关注自身的体验、消费过程的价值创造。

今天销售的更高层面是创造需求,启发大客户,在与客户的互动中获取新的需求和商业机会。

产品仅是载体，打动客户的是内涵，是企业所要传递的企业价值和追求。

"生意"真正的意义在于你能不能够提供解决方案，而非直接销售产品。

所有投放到客户的资源，客户会给予回报，而客户的回报可以让企业保持增长，并获得足够的资源持续增长。

面对消费者的改变，组织要顺势而为，打破与消费者的边界，采取更灵活、更主动的方式与他们保持长久的联系。

通过借助强者的优势，与强者联合，能在短时期内实现凭借自身条件很难达到的目标，节约成本，并保证在自身弱小、能力不够时，能得到发展机会。

6. 销售工作的实质

乔布斯说："消费者没有义务去了解自己的需求。"消费者只知道自己的抽象需求，比如好吃的、好看的、漂亮的、舒服的、暖的、冷的、好的、坏的等。销售员需要把抽象的需求具体化，把潜在的需求显现化，把缓慢的需求紧迫化，把片面的需求全面化，把次要的需求重要化。

不想赚钱的销售员不是好销售员，没有想法的销售员根本就不是销售员。如果一个销售员连赚钱的欲望都没有，就像一头狼没有吃肉的欲望，最后只能沦为被人宰割的羔羊。只想着靠高的基本工资过活的，就不要去做销售员，不如做个技术员，越老越吃香；吃基本工资的销售员，越老越不招人待见。

成功地销售自己，让自己在客户心中留下良好的印象，诚实、可信、有趣都是优秀的品质。初次留下良好的印象能让客户对你打消顾虑，敞开心扉。所以，销售员要注意自己的仪容仪表，提前做好功课很重要。

合格的销售员要具备两个必需条件：第一是魄力。无论你销售的是什么产品，都需要有丰富的产品知识和坚定的自信心，千万别认为自己比客户低一等。第二是心态。销售就是在不断的失败中摸索的行业，面对失败要坦然，面对成功要淡然，更要有不断归零的心态。你准备好了吗？

7. 没有干不好的销售

一个人劝说另一个人的能力，是能够确保他的市场地位的资本。

销售是生活不可或缺的必需品，就像呼吸、饮食和运动一样。对大多数人而言，销售并不是我们的职业，而是生活的基本需求。

销售在生活中无处不在，并与每个人息息相关。不管在哪个行业，能够劝说、说服、谈妥协议的人都能立足于社会，享受美满的生活。

请记住：无论你的工作是什么，在生活中扮演什么样的角色，都需要这项本领——预测。

把生活中的每一个任务都当作比赛，而你的目标就只有一个——赢。

只要你能提供打动人心的产品、契合人心的服务，就会赢得消费者的信任，那么，谈成订单自然也就轻而易举。

沟通＝销售。如果不与买家沟通，就没有机会对他进行推销。沟通的定义：人与人之间通过共同行为或特征交换信息的过程。

无论客户的想法是对是错，都要尊重他们的意见。世界上最有力的一句话莫过于"对，你说得没错！"，还有就是"我同意！"

人们的行为都是思想支配的。如果你了解客户的思想，那你对客户必定也能了如指掌。

销售是不断给予，而非一味索取的过程。在销售活动中，如果一个人懂得给予，一定会得到相应的回报。

时刻谨记：服务远比销量重要。

只有两件事情可以让你成为真正的专业、抗压能力强的销售员：①你必须相信，你所提供的产品是潜在客户的最佳选择；②你必须接受培训，能够做到不管遇到什么状况，都能坚持促成交易。

在销售领域，增加销量的唯一办法就是不厌其烦、努力拼搏！向池塘里扔一块石头，就会掀起一片涟漪。如果你不断地向水里扔石头，波纹就会越来越大。这时你一定会引起周围人的注意。

销售中最糟糕的事情莫过于失去了一位潜在客户，现在又想着寻找并发展下一位客户。

在销售领域，行为举止比穿着更重要。

保持对销售行业的敏锐度和洞察力，你必须花时间不断磨炼销售技能。

8. 销售成功需要爱

市场不一定奖励努力的人，而只会奖励有结果的人。

人生有两种痛苦：一种是努力的痛苦；另一种是后悔的痛苦。

成功的起点是，首先要热爱自己的职业。无论做什么职业，世界上一定有人讨厌你和你的职业，那是别人的问题。

做销售，首先需要放下自己的矜持，不要在小项目上浪费太多精力，但不能不花时间，往往大机会是从小项目开始的；不要怕见客户大领导，要看准目标，多管齐下，讲究策略。你以为你在"钓鱼"，实际"鱼"也在"钓你"；不光要会"钓鱼"，还要学习"养鱼"，最核心的一点是沉住气。

忘掉所有那些"不可能"的借口，去坚持那一个"可能"的理由。

当没有一个"能够逼迫你不断自我升级"的上级时，你就要开启"自己逼迫自己"模式。

销售，绝不是降低身份去取悦客户，而是要对待朋友一样给予客户合理的建议：你刚好需要，我刚好专业。

无论过去如何，未来总是崭新的。

9. 把销售当作自己的事业

把销售成功视为一种不可推卸的责任和义务,而不是作为一种可有可无的选择或谋生手段。

无论你从事什么岗位,如果你问怎样才能成功,我给你一条最中肯的建议:把成功当作道德追求,而不是获取利益或增长技术的途径。几乎所有人都梦想着有一天能够出人头地,但大多数人都只把这当成一个遥不可及的梦想而已。如果你对待任何事情都只是怀揣无限遐想而没有任何实际行动,我敢肯定你一定毫无收获。

与其他工作领域一样,做销售必须不断追求成功,否则你注定一败涂地。只要你不再把成功当成难以企及的愿望,那么实现梦想的概率将会大大提升。

机会总是留给有准备的人,而运气好也是不断努力的结果。只有不断追求成功并为之付出艰辛的努力,你才可能被上天眷顾。

要好好对待销售事业,就像优秀的父母精心呵护他们的孩子一样:把销售事业当作一种义务、一份责任。要忠于销售事业,信赖自己的产品,效忠所在的企业;还要严肃认真地对待每一位客户,将其视为义不容辞的责任。

那些在销售界一事无成的人常常为自己的失败寻找各种借口,这种现象已经司空见惯了,有些人甚至开始自欺欺人。

请不要在一次交易都没有成功的情况下,还悠然自得地花费一下午时间为自己的失败寻找种种借口，这不过是掩耳盗铃罢了。

在销售领域取得成功得益于你把追求成功当作不可推卸的责任和义务，然后采取必要的行动，坚持不懈地努力，直到达到你预定的销售目标。

很多时候的销售成功只是一段旅程，绝不是终点。

10. 成功的销售与价格无关

一般销售员都认为失去订单的首要原因是产品的价格问题。然而，事实并非如此，这种说法也不切实。其实，价格并不是客户最关心的问题，因为商品具有使用价值。真正的原因只有客户心里清楚，旁人很难揣测。

时刻铭记：永远不要在客户身上找问题！当遇到销售瓶颈时，最大的问题一定出在自己身上。

销售员要学会站在客户的角度思考问题。商品本身没有任何思维或感知，而客户是通过你感受一切的。

很多销售员都没有时间倾听潜在客户内心的声音，或者花时间去探寻客户真正的需求。如果你没有有效地与客户沟通，你就没有机会对他进行推销。

销售生涯中事关成败的基本规则：你是在跟客户打交道，而不是在跟产品打交道。要记住：客户至上，产品次之。如果不把客户放在举足轻重的位置，任何销售都不会大获全胜。产品无生命，人类有灵魂。

销售是不断给予，而非一味索取的过程。有所收获的前提一定是懂得给予。我说的"给予"是指给客户足够多的关注，精神饱满地认真对待每一位客户，为他们提供最优质的服务。

销售的本质是为了服务他人，而不仅仅是为了销量。提供优质服务是获取更多订单和减少摩擦的唯一途径。

第 4 章

时间和成本管理

Chapter Four

第1节　学会时间管理

【自我管理是成功前提】①无论从事什么工作，决定你成功的最重要因素不是智商、沟通技巧等，而是有目的、有计划的自我管理能力和习惯；②想成为珍珠，先正视自己是一粒沙子；③若你不知道自己的未来远景，你就永远到不了那里；④若你对未来没有计划，你就是别人计划里的一枚棋子。

【你缺乏什么管理】①只忙收割，不忙播种——缺乏长远管理；②只忙种树，不忙育林——缺乏全局管理；③只忙手脚，不忙心脑——缺乏智力管理；④只忙指挥，不忙情报——缺乏信息管理；⑤只忙驱车，不忙加油——缺乏机制管理；⑥只忙有形，不忙无形——缺乏文化管理；⑦只忙照明，不忙充电——缺乏学习管理；⑧只忙别人，不忙自己——缺乏自我管理。

【时间是公平的】①生活给予每个人相同的时间财富，差别在于珍惜程度。②别人拥有的不必羡慕，只要努力你也会有；你拥有的不必炫耀，别人也在奋斗。③那些比你走得远的人，并不是更聪慧，而是每天多走了一点。④你若不相信努力和时光，时光会第一个辜负你。最怕的是比你优秀的人比你更努力。

【珍惜时间】人生宝贵，一个认真负责的人，需要对自己的时间负责。没有必要浪费时间在根本不创造价值的事情上。放弃浪费时间在没有结果的事上，才能腾出时间做更有意义的事。

【时间的公平性】时间是这世界上最公平的东西，不管你是谁，过得怎么样，它都会一直往前。你现在的状态，是过去的你用努力换来的；而你未来的状态，是现在的你用努力决定的。

【时间管理六技】要做的事情越来越多，时间越来越少，你是否有这种感觉？那就通过以下方法来管理好你的时间：①做好时间记录日志；②今日计划明日事；③控制网瘾或不良爱好；④早上不看电视；⑤留出属于自己的时间；⑥不要有求必应。

【像管理资金一样管理时间】时间就是金钱，可是很少有企业能做到惜时如金。也有一些企业把时间当作稀缺资源对待，设定严格规章，像管理资金预算一样管理时间预算。这样做的结果是至少节约20%的时间。时间是最稀缺的资源，但多数时间并没有得到高效、合理的利用。再多的钱都买不到25小时的一天，也换不回因低效工作而浪费的1小时。

【企业的时间管理】在企业管理中，怎么能够让每个员工都把时间运用得最充分？其中一个非常重要的环节就是开晨会。晨会一要准点开；二要说明自己今天的工作计划是什么，今天最重要的一件事情是什么，还要说清楚这件事是准备上午干还是下午干；三要对前一个晨会布置的工作及时总结。其实这个总结就是一个反馈的过程，没有反馈的计划或任务都是假计划、假任务。

【工作效率和薪水加倍的秘诀】①全身心投入工作，不要把工作场所当成社交场合；②加快工作步调，养成一种紧迫感；③专注于高附加值的工作；④熟练工作；⑤集中处理，把许多性质相近的工作或活动集中在同一个时段来处理；⑥简化工作，尽量简化工作流程；⑦比别人工作时间长一些。

【受益一生的好习惯】①不要轻易剥夺别人的希望；②不要指望生活会是完全公平的；③生气的时候不要做出什么决定；④保守秘密；⑤定期存钱；⑥及时承认自己的错误；⑦用你希望别人对待你的方式去对待别人；⑧凡事先做计划，尽量将目标视觉化；⑨写下来，不要太依靠脑袋记忆；⑩每天提前15分钟上班。

【偷走你时间的七个小偷】每天都会有七个小偷，不时地下手偷窃我们的时间，它们埋伏在你身边了吗？①缺乏计划；②拖到最后期限；③突发事件；④事必躬亲；⑤没有系统统筹；⑥缺乏关系网；⑦情绪不佳。

【时间管理】所谓时间管理，不是提高效率，尽可能地做更多的事情，而是给自己设置限制，让自己专注于最重要的事情。你身边有没有这样的人，日日早起、夜夜晚睡，经常加班加点，约他出去，他总说没时间，似乎永远有做不完的事。但是从老板到同事，提起这人就是摇摇头、摆摆手，一副一言难尽的样子。他们很忙，做的事却不漂亮。那么他们在忙什么？他们如此努力，为什么事情总是做不好呢？问题究竟在什么地方？因为他们并不算努力，只是重复劳动。

【如何管理自己的时间】①要知道自己时间利用的现状。（记录时间利用的情况，不用太细，明白就行。）②要知道自己想把时间用来做什么。（问自己：我想过什么样的生活？我有什么必须完成的事情？哪些事情必须从现在着手开始？）③运用日常时间落实计划。（克服改进不合理的时间习惯，利用小块时间反思总结。）

【时间管理三原则】①日日不断。你要做什么事情，一定是日日不断地去做。②大块的使用时间。要把你的时间大块大块地使用，凡是可做可不做的事一律都不做。③铁石心肠地拒绝邀约。不管是谁，不管是什么事，只要与自己的主战场没关系，就坚决不做。

【时间管理的721法则】①70%的时间用于当天的工作，20%用于明天的准备，10%用于下周的计划筹措；②70%的时间用于工作，20%的时间用于家庭生活，10%用于娱乐、社交等；③70%的时间专注于原本的工作，20%的时间花在与核心工作有关的新事物发现，10%的时间花在完全没有关联的新事物。

【时间管理技巧】①提前一天晚上做好计划，把所有工作分到四个象限，纵轴是"紧急"，横轴是"重要"，优先做"重要紧急"的事；②把大任务分成若干个45分钟能完成的小任务，聚焦一段时间只处理一件事情；③做一周计划时先为大任务留出时间；④要挤时间做有益长期之事，即重要但不紧急的事。

【不要成为紧急的奴隶，重要的事为先】某人吃力地锯木头，旧的没锯完，新的又送来，越堆越多。朋友提醒他："你的锯子钝了，所以效率差，磨利再锯吧！"他说："工作都做不完，哪有时间磨锯子？"朋友又问："那你何时磨锯子呢？"他说："等我锯完所有木头再说。"

【忘掉时间才是真正的不浪费时间】 怎样才能不浪费时间？忘掉时间才是真正的不浪费时间。如果做一件事情专注到忘掉时间，就意味着全身心投入。只要这件事情本身是有意义的，就一定会有所成就。凡是我们每天赶时间的事情，大部分是没有意义、浪费时间的事情。

【即刻做】 即刻做，是一个时间管理问题。意思是，任何事，一想到了，就应该马上去做，马上去处理。要不然，一转身有可能就会忘记，也有可能失去最佳时机。但凡没有时间做一件事，一般只是借口，因为不想做而已。很多看起来很自如的人，并不是靠夜以继日地苦熬，而是比别人善于有效管理时间而已。

【每天"五问"】 ①前天的教训，你吸取了吗？——积累经验很重要。②昨天的错误，你改正了吗？——知错且改很重要。③今天的工作，你完成了吗？——执行到位很重要。④明天的计划，你拟订了吗？——系统规划很重要。⑤后天的目标，你明确了吗？——前进方向很重要。

【控制惰性】 ①每天确立一个主要目标，无论放弃其他什么事情，都要达到这个目标；②每周确定一天为"追赶日"，这样可避开大部分琐碎和恼人的事；③做每件工作都给自己一个时间限度；④和自己打赌，在一天结束之前，如果你能完成必须完成的工作，当完成时给自己适当奖励。

【如何提高自我学习能力】 ①没人为你负责,除了你自己,而你唯一的资本就是知识;②知识形成层次:信息→知识→技能→经验→方法论;③个人竞争力组成:专业能力、性格要素、学习能力、跨领域能力;④个人知识管理核心思想:目标驱动→实现价值→系统思考→持续改进。

第 2 节 学会成本管理

【企业的七种隐形成本】 ①沟通成本;②加班成本;③用错人成本;④企业文化成本;⑤信用成本;⑥风险成本;⑦企业家决策成本。由上可见,企业在经营管理中,常常要背负着很多负担,而隐形成本正是其中最重的一担。发现并有效降低以上隐形成本,是企业进步的有力举措。

【企业的沉没成本】 沉没成本由以下主要因素构成:①不合适的战略实施;②用人不当;③企业各个层面的内耗和争斗;④布局中接口的人员不行,各个部门之间及与外部的接口严重"漏水";⑤员工消极;⑥不合适的组织结构;⑦财务人员的水平不合格。

【企业家成本】 企业家成本是指企业的老板本身给企业带来的成本。企业家如同一支军队的首领,其本身是企业支付成本最高的员工。很多民营企业的老板把自己变成了企业的"皇帝",一切都自己说了算,把全体员工变成了执行的机器。但是,企业家个人因素的缺陷,将会为企业增加沉重的成本负担。很多领导者一直以自己为中心,这将大大降低了团队的作战能力,增加了高昂的隐形成本。企业缺乏的不是人才,而是发现和善用人才的智慧。

【管不住的成本就是流失的利润】"收入-成本=利润"。企业要想追求利润,有两种方式:一种是增加收入,另一种就是降低成本。营销是企业的堡垒,而成本是企业的大后方,成本降低10%,利润就翻一番,减成本就是减风险。

生产经营环节中有七种浪费:等待的浪费、搬运的浪费、不合格品的浪费、动作的浪费、库存的浪费、过量生产的浪费、人的浪费。其中最严重的浪费是过多库存的浪费,将会产生以下几种问题:占用场地库房空间;占用资金;额外的人力盘点及管理;造成腐蚀、老化、失效,掩盖了管理中的诸多问题。砍掉成本,杜绝浪费,就要慧眼识刀,把成本当成恶魔杀死。

【企业要加强停滞资源的利用】停滞资源在企业里可以说是最广泛的一种"隐形成本",例如闲置的设备、积压的库存、低利用率的岗位职业、闲置的资金、搁置的业务等。它们虽然不一定会继续消耗企业的投入,但它们却是企业资产的一部分,企业会为此承担利息等隐形成本。所以,一个企业里停滞资源的多少,体现着企业资源利用率的高低。

【企业财务管理要从成本导向转向价值导向】传统财务管理主张成本导向,一切以控制成本为准绳,势必影响企业的整体竞争力。现代财务管理主张价值导向,一切以提升价值为准绳,成本服从价值,从整体上增强企业竞争力。

【现金流为王】 企业有了现金流就可以实现"三不怕":第一不怕有负债,现金流的滚动可以消化负债;第二不怕有亏损,现金流的经营可以扭亏为盈;第三不怕没订单,现金流是争取订单的最好本钱。

第 3 节　时间物语

【时间留,我们走】 如果用功读书,时间就留在你的成绩里;如果锻炼身体,时间就留在你的健康里;如果开朗热诚,时间就留在你的人缘里。

【时间是至高无上的】 在你力所能及的范围内,千万不要为了省钱去浪费你的时间。因为你的时间才是最宝贵的财富,才是更有限的资源。

时间是至高无上的。因为时间可以换取知识,换取人脉,换取洞见。

穷人往往更在乎钱,富人往往更在乎时间。大部分穷人都意识不到时间的价值。

牛人之所以牛,就是因为他比你更会利用每天的时间。胡适曾经说过:"你的闲暇往往决定了你的终身。"

有些人因为没钱,所以拿时间去省钱,但因为没有任何技能上的提高,于是越来越没钱。而有些人一开始就咬牙把时间花在提高自己的核心竞争力上,就会更快地进入良性循环,越来越有钱。

一个人在职场上的价值，是由他的时薪决定的。

我管理时间的秘诀就是——永远认为：我的钱不值钱，我的时间最值钱。

【不怕为时已晚，就怕止步不前】你是否常常懊悔，为什么没在十年前就学习某项技能，以至于现在要用时却为时已晚？其实，只要敢于尝试，任何时候开始做一件事都是最好的时间。从今天开始，把力气用对地方，就会变成谁也夺不走的力量。

【改变，从现在开始】你会对十年前做过的事感到后悔，这并不可怕；可怕的是，十年后你对今天所做的事依旧后悔。有句名言说得很好：种一棵树，最好的时间是十年前，其次就是现在。

一件事只要你坚持得足够久，它就会慢慢变成习惯，渗入你的身体，变成本能，这样原本需要费力去驱动的事情也会变得理所当然。不用着急，你用掉的时间和付出的努力不会骗你，在达到目标前你已经是最好的自己。

珍惜时间的人，就等于拥有了一切，他们有改变一切、创造一切的能力；荒废时间的人，就算再有心改变，到头来永远是竹篮打水一场空。

【今天真美】不管生命还有多少个明天，今天永远是我们停留的时间。对明天的期望，是我们渴望今天的延续；对明天的憧憬，是我们梦想拥有的今天。

人生宝贵，一个认真负责的人需要对自己的时间负责。没有必要浪费时间在根本不创造价值的事情上。辩无赢家,你把时间耗在和你不同频的人身上,争辩赢了或输了,你都是失败的。始终想在言语上胜过别人是非常愚蠢的,不要试图说服任何人,把时间和精力放在真正有价值的事情上才是最好的做法。把自己活成一种方式,活得没有时间和年龄,这是最美的修为。与光阴"化干戈为玉帛",把光阴的荒凉和苍老做成一朵花别在衣襟上。时间扑面而来,我们终将释怀。人的一生中所遭遇的困境和不解,在当下或许如此难以接受,但在过后某一时刻你会突然觉得,这一切都是最好的安排。

岁月就是这样,总是把最好的留在后面。最好的安排,是时间给予的,自己掌握的。时间会替你摆平生命中的负能量,也会带走你放不下的一切。你要不急不躁、耐心地等。在这个世界上,最英勇的事情不是奋不顾身地勇往直前,而是走一段路程,观看一段风景,学会与自己对话,用自己觉得温柔的方式照顾好内心。

【别让自己总是等待】自己不改变的话,新的一年也只是之前的重演。
想去的地方没有去,想谈的恋爱没有谈,想做的事还是没有做。日历一页页翻,时间一点点走,可你困在原地。等待也好,迷茫也好,都不要让自己留在原地。新的一年不代表新的开始,如果你没有行动;只要你下定决心,每一天都可以是新的开始。

别让一生输在一个"等"字上。等将来,等不忙,等下次,等有时间,等有条件,等有钱了……等来等去,等没了缘分,等没了青春,等没了健康,等没了机会,等没了选择。谁也无法预知未来,很多事情可能会一等就等成了永远。想要做的事就赶紧去做,不要给自己等来太多的遗憾。

曾经，我们把太多的时间都用在了工作和应对复杂的人际关系上，没有时间融入自然，没有时间与自己的内心对话，终日忙忙碌碌、疲于奔命。现在，我已经学会了把时间分成五份：一份给工作，一份给自然，一份给内心，一份给家人，一份给朋友。

我们总是认为时间会等我们，容许我们从头再来，弥补人生缺憾，岂不知时光一去不再复返。数年的生活变迁，是平淡的生活，却堆积成一个个精彩的故事，激活、感动着我们的生命与心灵，日子在不经意间悄悄远行，人生就在希望与失望之中完成了成熟的蜕变。

【时间教会我们很多东西】 做个普通人，更需要一种胆识和胸襟。普通人有普通人的幸福和快乐，这种幸福和快乐，会让你在自己觉得有意义的生活方式里，享受它的点点滴滴。幸福无关乎名人还是普通人，幸福来自你心中最纯粹而美好的感受。只要用心体会，就会品尝到幸福的滋味。

时间教会我们很多东西：时间比钱还不够花；时间是这个世界上最稀缺的资源；时间被每时每分每秒地偷走。

好的生活，无法言说；好的爱情，平淡无奇；好的工作，没有借口；好的人生，有坎有坷；好的朋友，不常联系。

每个人在自己的位置上有各自的烦恼。无论你是相对贫穷或者富有，都无法逃脱那些喜怒哀乐。但痛苦的不一定是最贫穷的人，而是最不满足、彷徨的人。

做人做事最好的状态就是"不刻意"。不刻意自我表现，也不刻意淡泊名利；不刻意追逐流行，也不刻意卓尔不群。如是，则不心累，不纠结，不失望。

宁静、尊重，不妨碍别人，是一种重要的社会公德。

在光滑的冰面上容易摔倒，是因为上面没有坎坷。

快乐是自己体会的，烦恼是自己寻找的。

"收入"与"付出"常是相对的。当我们拿起一些的时候，往往得放弃一些。

【你知道吗】竹子用了四年的时间，仅长了 3 厘米，从第五年开始，以每天 30 厘米的速度疯狂生长，仅用了六周的时间就长到了 15 米。其实，在前面的四年，竹子将根在土壤里延伸了数百平方米。做人做事亦是如此，不要担心你此时此刻的付出得不到回报，因为付出都是为了扎根。人生需要储备，多少人没熬过那 3 厘米。

【珍惜当下】时间，让深的东西越来越深，让浅的东西越来越浅。这句话不记得是谁说的，但我想补充的是，如今的时间让智能手机严重侵占，人们因此增大了浅薄的机会。有人戏言：世界上最远的距离是，我在你身边而你却在玩手机。离开了手机就与世隔绝了，手机上升为唯一战胜孤独的工具。一家咖啡馆不得不用心良苦地提示："我没有无线网络，和你身边的人说说话吧。"

第 4 节　岁月哲思

【岁月匆匆，流年似水】时间，总是在不经意间，从我们的指尖流逝。我们能抓住的唯有记忆，包括一切悲伤的、美好的过往。人生的电影中，走过的影带已成历史，让它过去，无需再挂怀。我们需要做的是，如何把后边的电影拍好，并且放映出来，去影响他人。等影带放完的时候，人们发现，它值得收藏，那么这一生就无悔了！

【珍惜现在的自己】日子过得真快，匆匆又是一年中秋过。时间似乎永远都比想象中要走得快些，很多事在我们还没有好好回味的时候，却已经结束。一年的 2/3 又结束了，剩下的日子，愿你不要以感伤的眼光去看过去，因为过去再也不会回来了！最聪明的办法，就是好好对待你的现在，现在正握在你的手里。

【书籍是时间的印迹】人无法留住时间，能留住人生的只有书籍。书是时代的生命，书能点燃希望，让你在无穷无尽的人生漫漫路上永远不会迷失方向。

【坦然面对当下的自己】真正成功的人，无论在哪个领域，无一不是能发现自己的天赋，并将天赋全然绽放的人。但遗憾的是，我们被"木桶理论"局限了：绝大部分的人都将绝大部分宝贵的时间用于去弥补自己的短板。"木桶理论"适用于组织，但不适用于个人成长。去发挥你的天赋吧，别理会那块短板！

【时间管理的第一要诀：先做最重要的事】 我们常会对浪费掉的时间"合理化"解释。但就怕在一连串浪费时间的举措和荒唐行为之后，你的人生已所剩不多，而人生中该完成的事，一样也没做。没有好好把握时间，通常一事无成。因此，时间管理的第一要诀在于，先做最重要的事。

【时间不会撒谎】 检验一个人的唯一标准，就是看他把时间放在了哪里。别自欺欺人，当生命走到尽头，只有时间不会撒谎。

【时间是工作最重要的成本因素】 再好的工作也是有"保鲜期"的，千万不要忘记"时间"是最重要的成本因素。务必维持工作的"保鲜期"，既要按时完成，又要确保质量。

【时间短评】 时间的三大杀手：拖延、犹豫不决、目标不明确。世界上最浪费时间的三件事：担心、责怪、评判他人。

【被时间证明的高贵和美丽的东西值得珍惜】 不要在信息的洪流里浪费时间，而要读一些被时间证明是高贵和美丽的东西，让它们和你的生命连在一起。请记住，只要你接触的东西是高贵的、美丽的，你也一定会高贵和美丽起来。

【忘掉时间才是真正的不浪费时间】 有人问我怎样才能不浪费时间，我说忘掉时间才是真正的不浪费时间。如果做一件事情专注到忘掉时间，就意味着全心投入。只要这件事情本身是有意义的，就一定会有所成就。凡是我们每天赶时间的事情，大部分是没有意义、浪费时间的事情。

【请时刻保持阅读的习惯】 永远不要等有时间才阅读，见缝插针，想读就读；永远不要坐在书房才阅读，何地都可阅读；永远不要有需要时才阅读，急功近利、立竿见影是妄想；永远不要嫌自己读得太晚，只要行动，就有收获。对女人来说，书籍是最好的美容品；对男人来说，书籍是一张最棒的名片！

【时间管理的背后是良好的习惯】 所有时间管理的背后，是良好的习惯；而良好习惯养成的背后，是惊人的意志力。

静听健谈

1. 时间的力量

我们只是时间的过客,总有一天,我们会和所有的一切永别。眼前的,好好珍惜;过去的,坦然面对;该来的,欣然接受!花时间去讨厌自己讨厌的人,你就少了时间去爱自己喜欢的人。花时间去计较让你不愉快的事情,你就少了时间去体验让你愉快的事情。恨、烦、焦虑、难过都是别人带来的,可时间是你的。所以,节约自己的时间比一切都重要!

时间帮不了所有人。时间所做的,不过是让你麻木、让你习惯,但是无法让你放下。有些事,如果可以想通,一秒就能解脱;有些事,一生想不通,一生亦是禁锢。你需要在时间里学会长大,去得到一种自我治愈的能力,而这一切都与光阴短长无关。

昨天再美好,终究浓缩成今天的回忆,我们再无奈,也阻挡不了时间匆忙的步履;今天再精彩,也会拼凑成明天的历史,我们再执着,也拒绝不了岁月侵蚀的痕迹。我们想念昨天,但过去已经定格,就将它尘封吧,只有努力书写好今天,明天的回忆才能美好与无憾。

2. 优秀的人,都珍惜时间

对不同人来说,时间的意义是完全不同的。

同样是每天 24 小时，有的人觉得不够用，因为他们有太多的事情要做，有大把的新知识要学；有的人却闲得不知光阴如何打发。

不过，时间终会给出答案。分秒必争的普通人，通过勤奋努力，能让生活变得更好。

善于利用时间的人，时间带来的复利是惊人的；不把时间当回事的人，时间的摧毁力也是惊人的。即使一动不动，时间也在替我们移动。

当你觉得时间不值钱的时候，生命的价值便也跟着打了折扣，或许别人三五年能完成的人生体验，你得花上三五十年。

时间，更像是一个颇有个性的朋友。你若对它付出真心，它必会竭尽所能，给你满满的回报；你若毫不珍惜它，那它也一定会弃你而去，让你后悔不迭。时间带走一切，长年累月，把你的名字、外貌、性格、命运全都改变。

莎士比亚有句名言："抛弃时间的人，时间也抛弃他。"

认为时间不值钱的人，可能是精神世界贫瘠的人，因为他们也许从没想清楚自己要追求什么。

那些把时间当朋友的人，未来该有多少精彩的东西在等着他们呀，想想就觉得美好！

让时间值钱一点，遗憾才会少一点。可是，现实生活中，大把浪费时间的人大有人在。也正是因为这样，才造就了各色各样的人，才有了个人不一样的生活。

3. 时间是最公平的资源

有的路，你必须一个人走，这不是孤独，而是选择。

能看到别人的错误，是清；能看到自己的错误，是醒；能够承认自己的错误，是坦；能够改正自己的错误，是诚；能够发现自己的优点，是聪；能够发现别人的优点，是明；能够学习别人的优点，是智；能够利用别人的优点，是慧。清醒、坦诚是做人之必需；聪明、智慧是做事之必需。

不争、不辩、不喜、不悲、不恼、不怒、不得、不失、不贪、不恋、不恨、不攀。

永远不要丢掉别人对你的信任，因为别人信任你，是你在别人心目中存在的价值。人生路很长，自己别把路走短了。

你整天负能量，觉得自己哪里都不好，把时间都用来幻想；可曾和你位于同一起跑线的人，已经融入了更好的圈子。多做事、少抱怨，其实坏情绪就像垃圾，该扔就扔，不要过度追究没用的东西。快乐是自己给自己的，心态端正，一切都不会让你心堵。

人海茫茫，会遇到很多过客，生活中的相逢和摩擦总是难免，需要时刻提醒自己，不要用分别心去挑剔那些意义不大的对错，放下自己的成见，想想别人的辛苦，祝福别人来往，认清自己面目，生活的路还很长，鼓励自己去承受，这世界在眼前，也在路上。

时间是最公正的资源，是上天公平地赋予众生的礼物。你的时间投资到哪里，你就将在哪片土壤上收获丰硕的果实。

4. 一寸光阴一寸金

时间是最公正的资源，是上天公平地赋予众生的礼物。你的时间投资到哪里，你就将在哪片土壤中收获丰硕的果实。这个世界上什么都会过期，时间不是你放进冰箱就能保鲜的罐头，它只能被当下的你握紧。不为思考明天而踌躇，不为盲目改变自己而浪费。

时间不肯回头，只因希望总在前方。时间被分成三份：一份是既往的昨天；一份是迫切的当下；一份是神秘的未来。昨天带我们来到今天，今天领我们奔向明天。你可以走昨天的路，却永远踩不到昨天的脚印。放下昨天，珍惜今天，心向未来。既然时光永不回头，人生亦当无悔。过好当下，是人生最好的选择。

时间，抓起了就是黄金，虚度了就是流水；书，看了就是知识，没看就是废纸；理想，努力了才叫梦想，放弃了那只是妄想。努力虽然未必会有收获，但放弃，就一定一无所获。做事情一定要有始有终、执着坚持！

时间没有尽头，生命有其长短。在无限的时光隧道里，计较太多是对有限的生命的一种亵渎。因为计较，我们失去了宽容，从而错过了幸福。人生是一场没有尽头的修行，人生的大智慧就是修炼出一份宽容。

5. 管理你的时间

人生，总是花很多时间在找东西上。不管是有形的东西，还是无形的东西，我们都在不停地寻找。但是老实说，寻找其实是一种对时间的"浪费"。成功人士与普通人的最大区别就在于前者能够有效地管理好自己的时间。有效管理就是让看不见的时间，变成看得见的时间；让不可控的时间，变成可控的时间。

每年整理一次通讯录，审视一下自己人际关系。可能会对你有所帮助的人，才是真正的"人脉"。认识很多人，不代表人脉广，反而会浪费你的时间和精力。

休息日与朋友的饭局以及各种应酬，不算真正的"休息"。其实，在每个工作日都规划一段专属自己的幸福时光很有必要，灵感常在放松时出现，所以被工作或时间追着跑的时候，很难激发出优秀的创意。每一天把一小段时光留给自己，这样才能在平淡的生活中寻找到属于自己的乐趣。

工作时，除了做"该做的事"，也要牢记"不该做的事"。而保持健康的生活不是要保持"该如何做"，而是"不该做什么"。

6. 时间管理的有效原则

第一条原则：控制自己的欲望。这个世界似乎永远在跟你作对，它不照顾你的长期利益：你走过的每一条街、每一个商店都想让你花钱；你口袋里有一部手机，上面的每一个 App 都想吸引你的注意力。我们面对无穷的、持续的诱惑，就好像被一群"小偷"包围着——时间的小偷、注意力的小偷、效率的小偷。

第二条原则：控制你的环境，否则它就会控制你。比如，谷歌的办公室最近做了一个实验：把 mm 巧克力豆从开放的篮子中改放到带盖子的碗里，每个月减少了 300 万颗 mm 豆的消耗量。

第三条原则：做好计划。把要做的事情写下来，就更有可能完成它，即时贴、日历、提醒都是很重要的工具。人们说自己想怎么度过时间和他们实际上怎么度过时间之间有很大的鸿沟，但一旦你把某件事情放在日历上，你就更有可能完成这件事情，因为你不必再决定是否要做这件事情了。

第四条原则：提高效率。要利用效率高峰期。每天我们都有一个 2～3 小时的效率高峰期，通常出现在醒后几个小时。大部分人一天最有效率的时间在早晨起床后的两个小时。比如 7 点起床，则效率最高时间为 8～10 点，在这段时间应该做最挑战大脑的工作。这两个小时通常也是一个人自制力最强的时间段。醒来的时间越久，自制力就越成问题。到了晚上，很多事情都会出错。所以，每天最好设置两个小时的"保护时间"。

第五条原则：警惕浪费。警惕浪费时间的四大杀手：开会、电子邮件、多任务处理和结构性拖延症。什么是结构性拖延症？列好任务清单，然后一个个划掉，就是结构性拖延症的一个例子。因为大部分人会从最简单的任务做起，它让你感觉好像完成了一些了不得的事情，但实际上你在逃避更重要的任务。真正的成就需要时间，而进展未必是线性的。大的项目并不总是有即时回报。真正复杂的事情不会给我们暂时的愉快，但却能在实现之后带来巨大的成就感。

第六条原则：休息就是休息，别拿刷微博、微信或收发电子邮件当休息。人们经常把查看电子邮件、刷微博、微信当成休息，认为这样有助于恢复精力。其实大错特错。如果你想休息一下，可以闭上眼睛、静坐、深呼吸，或者思考一些真正重要的事情。伦敦大学的一项研究发现，经常查看邮件或者收发短信会让一个人的智商平均降低 10 个点——女性 5 个点，男性 15 个点。

7. 每一天都是新的

在你还没有足够强大、足够优秀时，先别花太多宝贵的时间去社交，多花点时间读书，提高专业技能。放弃那些无用的社交，提升自己，你的世界才能更大。

日出时，努力使每一天都开心而有意义，不为别人，为自己。世上没有不平的事，只有不平的心。不去怨，不去恨，淡然对待一切，往事如烟。

行为学告诉你，凡是你排斥的，就是你所要学习的。

比失败更令人伤心的是，你始终都没有为自己而努力过。

书虽然不能帮助你解决问题，却能给你一个更好的视角。不要浮躁，有空去旅行、去读书，用环境陶冶身心，用知识充实灵魂。

如果不想浪费光阴，要么静下心来读书，要么去赚钱。这两点对你将来都有用。

人生没有草稿，下笔不能潦草。

很多人一生只做了"等待"与"后悔"两件事，合起来叫作"来不及"。别老想着"以后还来得及"，有一天你会发现，有些事真的会来不及。

学会让自己安静，把心灵沉静下来，渐渐减少对事物的欲望；学会让自我常常归零，把每一天都当作新的起点。

8. 永远，到底有多远

在微博和微信上发出关于"永远，到底有多远？"的请教话题，众友智者的"神回答"如下：

永远是一个距离，也是一个时间，更是一个情感，最终是一个认知。

心在眼前，永远并不远；心在天涯，永远很远……

你的心有多远，它就有多远。

地老天荒，取决于心的距离。

远到不能再坚持的那一刻。

最远的地方是回到初心、走回原点。

"永远"是虚拟的、精神状态的名词；"到底有多远"是物质的、可度量的。没有精神，难言追求；一直追求，未必永远。

也许遥不可及，也许就是明天。

从物理学角度，不区分过去和未来，也就不存在永远。

活在永远似无边，死到身前若尽头。苦海何时方有岸，有情虚度为人难。了脱虚妄日积善，抛却轮回常聚德。无始焉知长久限，永远总在刹那间！

江水流长谓之永，目所不及谓之远。时间如水不回头，空间之大无有外。

量子力学观点：宇宙曾是一个点，集聚在一起，经历大爆炸的迅速膨胀，现在也正在渐渐远离。所以宇宙并非永恒，永远也不称其永远。

不忧过去，不惧未来，此生即永远。

永远是一个周而复始的圆圈。

"永远"就是"一直在"的意思，不是多远，而是不要忘记。

永远是一个时空的概念，以光速不停地飞下去。

永远是心里对未来事物判断的距离，无法丈量！

"至近至远东西，至深至浅清溪"，永远是否就是一种感觉，仿佛一条射线，它走多远随便，但现实却一直在我们身边……

永远是某种情态和模式在时间上可能达到的最大值，数学意义上是一个大于等于零的任何值，因人而异，因境不同。

永远，指此生此世，到底多远取决于生命的长度、精神的宽度、灵魂的深度。个人只拥有此生此世是不够的，还应该拥有诗意，所以有着不同的答案。

9. 质变来自量变的积累

运气永远不可能持续一辈子，能帮助你持续一辈子的东西只有个人的能力。

一生的时光有限，请不要耽误了自己。

任何业绩的质变都来自量变的积累。

要生活得自由自在，需要付出极大的忍耐：一不抱怨，二不解释。

命不能争，运可以造；弱者认命，强者抗命；能者求命，智者造命。

勤奋可以弥补聪明的不足，但聪明无法弥补懒惰的缺陷。一个人拥有优势的类型和数量并不重要，最重要的是，是否知道自己的优势是什么，从而做到扬长避短。如果你能扬长避短、顺势而为，将自己的优势发挥得淋漓尽致，就会事半功倍、如鱼得水；反之，如果你选择了与自身爱好、兴趣、特长"背道而驰"的职业，就会事倍功半、处处吃亏。

生活是活给自己看的，你有多大成色，世界才会给你多大脸色。

把自由主义放大，就是空想主义。

10. 生活需要重复，但不能重蹈覆辙

人生没有地图，我们一路走，一路被辜负，一路点燃希望，一路寻找答案。生活需要重复，但不能重蹈覆辙。

有时一切顺利,有时处处碰壁,可是不管怎样,我们都应该保持一颗平和的心,淡然地面对一切。唯有如此,才能在处境突变时不会有失落和痛苦,才能笑对人生的起起落落。在有些人面前,不必一而再地容忍,不能让别人践踏你的底线。只有挺直了腰板,世界给你的回馈才会更多点。

昨日渐多,明日愈少,今日还在。不要为成功而努力,要为做一个有价值的人而努力。人生道路上充满了坎坷,谁也不可能一帆风顺。只有在最困难的时刻,才能体会到无助的含义。坚持走自己的路,不要在乎别人怎么说。无论什么时候,我们始终要怀有一颗感恩的心面对一切。

一个成熟的人,应该少一些愤愤不平,少一些恶语中伤,多一分宽容与理解。过去不理解的,以后会理解;小时候不理解的,长大了会理解;长大了还不理解的,年老了会理解。一切都经过了,一切都走过了,一切都熬过了,生命的底色里,增了韧,淬了刚,添了柔。

人生最难的是等待,最美的是有值得等待的东西。我们奔走于天地间,生命本是虚幻,来也空空,去也空空。看人间是非、人情冷暖,在乎心态,心态摆正,烦恼自然迎刃而解,才能洒脱自如。

有欲而不执着于欲,有求而不拘泥于求。一个人,活得越平和,放下的就越多。人平和之后,在生命外在状态上的具体体现是笃定、泰然、从容、六根清净、万事不扰。平和的人,放得下,看得开,想得明白,过得洒脱。一个人,若思想通透了,行事就会通达,内心就会通泰。

无须在意别人的评说，你只要把自己的事情做好；无须在意别人的眼神，只要是走自己的路；无须有过多的抱怨，那样会使自己的心更累。无论走在何处，无论怎样走，都应该让自己快乐，但不要迷失自己。

11. 你的精力分配决定了你的层次

与其在别人的生活里跑龙套，不如精彩地做自己。

你做的事情价值多少，是由你放弃的事情反映出来的；而你放弃的事情，也是由你做的事情的价值反映的。

你可能在一个人面前一文不值，却在另一个人面前是无价之宝。谨记自己的价值所在。这就是"人挪活"的道理所在。

一个成熟的人往往发觉可以责怪的人越来越少，人人都有他的难处。

得到了，不必过分欢喜，因为还会失去；失去了，不必过分惋惜，因为它从未真正属于过你。

一定要和与你格局相当的人合作，或者和格局超过你的人合作。格局看似虚无缥缈，实际上就像大地一样厚重。

12. 今天很伟大，是因为有未来

一个人的成功源于自信，一个人的自信源于激情。

人生追求的三个层面：生存、生活、生命。你是否琢磨过自己的心，到底在追求什么？如果还停留在原地，就该反省了。

很多的时候，道理其实很简单：拥有你想要的，就是幸福；成为你想要成为的那个人，就是成功。

真正帮助一个人不是让他们一时变得很好，而是会持续越来越好。真正的帮助不是去教育一个人，而是要靠自己的身体力行去影响一个人。

到晚上就说自己会莫名孤单的人，其实白天也好不到哪去。只不过白天他做了很多无聊的事让自己显得忙碌，说白了，也只是一个忙碌的孤单人罢了。

在希望中快乐，在努力中坚持。

人生的高峰与低谷，很难一言而定，鲜花与掌声的相伴，也许能够说明问题，也许说明不了任何问题，但是没有低谷的人生，显然是不完整的人生。在机会面前，经过沉浮历练的人才会更加珍惜，才会更加知道如何把握。

今天很伟大，是因为有未来，如果你把今天虚度了，那它也就是平凡的一天。

岁月流水般地流淌，不知不觉间，光阴的手终于把人生的无数个瞬间翻成了过往。每一天的人生都是崭新的一页，都需要你用心去享受、体验、收藏和珍惜。

第 5 章

职场智慧

Chapter
Five

第1节　职场之道

【职场定律】①合作定律：一个人花一个小时可以做好的事情，两个人就要两个小时；②会议定律：重要的决策总是在会议结束或午餐前最后五分钟完成的；③升迁定律：竟在职场，每升一级，人情味就减一分；④地位定律：有人站在山脚下，而有人站在山顶上，虽然所处的位置不一样，在两人眼里的对方却是同样大小的。

【职场人生】①知道自己能够做些什么，说明你在不断地成长；知道自己不能够做些什么，说明你在不断地成熟。②把每一个黎明看作是生命的开始，每一个黄昏看作是生命的小结。③无论什么时候打电话，拿起话筒的时候请微笑，因为对方能感觉到。

【职场艺术】①微笑和赞赏有移山的力量；②善于倾听的是最高明的演说家；③指责会引爆炸药包；④争论会强化对手的硬性；⑤不断激发他人高尚的动机；⑥不强加于人；⑦说服人从肯定开始；⑧喋喋不休会直接毁掉好感；⑨不报复他人；⑩不指望别人感激自己。

【职场趣谈】①伟人改变环境，能人利用环境，凡人适应环境，庸人环境过敏。②做领导的，不让部下累，显得没水平；做老板的，不让员工累，觉得心不安；③《水浒传》是创业者之间的故事；《三国演义》则是老板之间的故事；④太听老板的话，老板从内心看不起你；太不听话，老板从骨子里讨厌你。

【职场成长得益于四个"授予"】①授人以渔：接收到更多的做事方法和思路；②授人以欲：激发自我上进的欲望，树立自己的目标；③授人以娱：把快乐带到工作中、带到生活中，让自己获得幸福；④授人以愚：告诉自己做事情要务实、稳重、大智若愚，不可走捷径和投机取巧。

【职场警言】①无论为谁打工，既要为自己学东西，更要为企业创造价值；②收获与投入成正比，应付工作是在浪费生命；③混日子实际上是混自己，老板损失一小点年薪事小，你损失青春年华事大；④机会总是留给有准备的人，成功缘自你的积累；⑤不喜欢企业就坚决离开，决定留下就一定要全力以赴。

【职场成功的秘诀】不要只是去做领导让你做的事情，如果你只是按照领导说的话100%执行，那么你永远也无法脱颖而出。在领导给你分配任务的时候，一定要多长一个心眼，除了他布置的任务以外，你还可以提出你的建议或者是一些改善意见。

【学会自己解决问题】职场是一个只要结果的地方，一定要有解决问题的能力。只有当你开始动脑筋想办法解决了所有的问题时，你在思维能力和工作能力上才能有所进步。

【习惯】习惯是一个不可思议的东西，人们从不知道自己具有它；习惯比天性更顽固；形成一种习惯，就是改变过去的自己；习惯会使我们适应一切，变化除外；对习惯不加以抑制，不久，它就会变成你生活上的必需品了。

【问题就是你的机会】①企业的问题：是你改善的机会；②客户的问题：是你提供服务的机会；③自己的问题：是你成长的机会；④同事的问题：是你提供支持、建立合作的机会；⑤领导的问题：是你积极解决并获得领导信任的机会。

【客户是最好的老师】①客户是使用者，只有使用者才能发现产品在使用中的问题，解决客户的"痛点"；②客户是创新者，客户的潜在需求是最好的"创新点"，客户可以参与产品创新以实现其需求。

第 2 节　如何有效工作？

【做事三要素：计划、目标和时间】永远要有计划，永远要知道目标，永远不要忘了看时间。

【何谓工作方法】①凡事有记录（目的是将来追溯或者总结）；②凡事有计划（有目标、有方案、有风险应对）；③凡事有执行（计划实施和数据收集）；④凡事有检查（结果如何、计划如何、实施如何）；⑤凡事有改进（好的作为标准推广、差的补救改进）。

【什么叫工作到位】①汇报工作只说结果不要说如果，不要说艰辛和不容易；②请示工作说方案，不要让老板做问答题，而要让老板做选择题；③总结工作说流程，找出流程中的关键点、失误点、反思点；④布置工作说标准；⑤关心下级问过程，关心细节；⑥交接工作讲道德；⑦分享工作经验不保留。

【高效工作八要素】①目的：为什么做？②目标：要做到的结果是什么？③方法方案：如何做到？是否有多个方案？④人员及组织：由谁负责做？谁协助支持？⑤时间点：完成与结束时间？阶段标准？⑥检视：谁检视跟踪？⑦预算：要花多少钱？花在哪里？⑧总结：如何定期总结改进？

【怎样有效沟通】①向上沟通：敬畏领导，但不卑不亢，给领导出选择题而不出问答题，多出多选题，而少出单选题，汇报要主动；②水平沟通：要换位思考，不固守本位，要体谅、谦让，要主动配合和协助；③往下沟通：以爱为入口，以敬畏规则为出口，不要以高高在上的口吻，多引导员工思考。结论：管理就是沟通，沟通因人而异。

【提升自我的十个方法】①每天读书；②战胜你的恐惧；③升级你的技能；④承认自己的缺点；⑤向你佩服的人学习；⑥培养一个新的好习惯；⑦好好休息；⑧帮助他人；⑨让过去的过去；⑩从现在开始。

【工作中需要注意的细节】①接电话时先报自己的职业、姓名；②谈论时说些有趣的事；③陈述自己的意见时能将意见归纳成若干项；④衣着端庄、挺直腰杆；⑤主动打招呼和倾听别人说话；⑥每五次就提出一次自己的独到见解；⑦聚会、上班比别人早到、迟走；⑧主动承担额外工作；⑨热情帮助他人、懂得回报；⑩经常面带微笑。

【快速成长为独当一面的人才，需要修炼这十个"绝不"原则】①绝不拖延。很多人在职场中有着不良习惯，就是拖延；②绝不找借口。如果一项工作没有完成，领导来问责的时候，请不要找借口。③绝不推卸责任。不要把责任推卸给别人，相反，要勇于承担责任。④绝不诋毁自己。一个职业化的员工，永远有正能量。⑤绝不依赖别人。在职场中，要保持独立的人格才会被人欣赏。⑥绝不抱怨。之所以抱怨，是因为你内心不够强大；⑦绝不破坏规则。一个职业化的员工一定是敬畏规则的。⑧绝不要自以为是。不要骄傲自满，相反，一定要懂得尊重前辈，懂得谦卑，懂得反省自己。⑨绝不失信于人。说到就做到，你答应领导的事情，答应同事的事情，你一定得兑现、全力以赴。⑩绝不放弃你的梦想。内心要有一个梦想。你为什么要学习？你未来要做什么？未来要成为谁？因此，你必须有你的梦想。

【工作如何做出成绩】①有坚强的意志，喜欢和热爱工作；②进展顺利时直接表达出快乐，受别人夸奖时诚挚地表示感谢，并把这种情绪当作精神食粮；③抱着自己的产品睡，与工作"共生死"，不在乎别人的看法；④把产品当成有生命的小东西，倾听其声音，发现问题并解决；⑤目标明确。

【如何在职场里维持诚信】①让人放心，对得起别人的信任；②自身行为无可指摘；③懂得拒绝；④小心做人；⑤塑造形象；⑥修剪人际关系网；⑦评估自己的行为模式；⑧有收获也有反馈。

第 3 节　你需要成为什么样的员工？

【知识型员工】把自己与企业的关系从过去的上下级关系、从属关系转变为平等的交换关系，即员工为企业创造财富，企业也为员工提供报酬和职业发展空间。

【一专、多能、零缺陷】①"一专"是指自己有一项专长非常强，能够帮助自己脱颖而出；②"多能"是指多储备几项能力，可以搭配使用；③"零缺陷"是指通过自身努力和对外合作，让自己的弱项及格即可。

【企业需要这样的人】①能始终跟着团队一起成长的人；②对团队的前景始终看好的人；③在团队不断的探索中能找到自己位置的人；④为了团队新的目标不断学习新东西的人；⑤抗压能力强且有耐性好的人；⑥与团队同心同德、同舟共济、同甘共苦，不计较个人得失、顾全大局的人

【努力成为企业的核心人才】①尽职尽责的人；②专业过硬、独当一面、低调实干的人；③积极主动、勇于担当的人；④信守承诺、说到做到的人；⑤顾全大局、团结合作的人；⑥与时俱进、拥护企业变革的人；⑦懂得知恩图报的人。

【什么样的员工容易获得重用和提升】①上进心强，努力工作，为结果工作而不是为了上班时间工作；②公心，不谋私利，为企业利益而

工作；③有高度的责任心，交代的事情不需要叮嘱，主动搞定；④能处理好与领导的关系，主动沟通，不耍小性子；⑤专业能力不是第一位的，情商比专业更重要。

【成大事者必备品格】①忍得住孤独；②耐得住寂寞；③挺得住痛苦；④顶得住压力；⑤挡得住诱惑；⑥经得起折腾；⑦受得起打击；⑧丢得起面子；⑨担得起责任。

【优秀员工的六大思维】①为他人工作，也是为自己工作；②企业付给你金钱，工作赋予你终身受益的能力；③要对得起目前的薪水，更要对得起将来的前途；④工作本身没情绪，也不能带情绪工作；⑤能在昨天完成工作的人，永远是成功的；⑥保持激情的秘诀，就是不断树立新目标。

【优秀老员工六大标准】①老员工必须跟得上企业发展，落后就被淘汰对每个人都适用；②老员工主动担任新兵导师；③老员工需要带头改革，不然就会改革时被革命掉；④老员工更要遵守制度，成为制度的守护者；⑤老员工对自己要求要苛刻，成为榜样；⑥老员工要放正位子，位子合适比位子更高还重要。

【职场精英必须了解的常识】①千里马也需要鞭子，保持适当压力有利于成功；②常识要和大家一致，技能则要与众不同；③私下提意见叫"补台"，当众提意见叫"拆台"；④领导者关注异常而不关注正常，关注例外而不关注例行；⑤给老同志分饼，与年轻人画饼，与中坚力量一起吃饼。

【企业员工必须修正的四大心态】①遇到问题，你就说是别人的问题，相当于原地踏步，等于是"自杀"；②企业聘用你，就是让你来解决问题的，如果没有问题，你就失业了；③你白天上班，私下又说企业不好，其实是在出卖自己；④记住这是你的工作，你享受了荣誉和收入，也要承担责任和委屈。结论：企业提高执行力的前提就是服从。

【职场人士必须克服两种毛病】第一种是等待：①等待领导来安排工作，不忙的时候也不主动问自己还能干什么；②等待领导来检查工作，不懂得主动汇报工作让领导放心。第二种是拖延：①今天的工作能拖到明天就拖到明天再完成，永远不会提前完成，怕领导提前加任务。②没有做计划的习惯，没有节点意识。

【职场人必须远离的11个坏习惯】①耻于下问；②尖酸刻薄；③桌子、本子、脑子一样乱；④经常迷失自我；⑤上网多，"上班"少；⑥事前计划少，事后补救多；⑦抱怨连天；⑧对事负责，而非对人负责；⑨紧拖慢等，明天再说；⑩只工作不合作，不求功求无过；⑪上班总是有事，下班总是没事。

【职场上就怕自己感动自己】①职场上都是比较优势，没有绝对优势；②人最好不要自己感动了自己，克制始终是所有关系中最基本的原则；③不是每件事都有标准或者非黑即白，放在不同时期、不同环境中，衡量的标尺都会变化。

【十句话让你成为一流员工】

（1）没有效率的加班，就是在浪费你自己的时间。

（2）你的专业程度反映出你对工作的态度。

（3）聪明的职场人向来都是主动做事，主动就是你在职场最好的学习方式。

（4）在职场中，任何人都可以是你的导师，只要你虚心请教，就会有所收获。

（5）一定要给自己的职业不断地做计划，永远有明确的目标。

（6）找到自己的优势，并将其充分发挥，一年的努力好过十年的摸索。

（7）每天充足的睡眠，是保证你一天工作和精神状态的关键。

（8）拖延是高效工作最大的敌人，不管是长期任务还是短期任务，都需要设置任务完成的期限。

（9）不断地反省，才有可能获得经验。

（10）在抱怨之前，先想想自己做了什么，只有将难题化为转机，才能打破工作中遇到的瓶颈。

第4节 团队合作

【团队与个人】一个人不可能是完美的全才，只有通过协作才能成就完美的团队。所以，从管理实践看来，一个优秀的核心团队应该是这样的：①价值观取向高度一致；②能力是有互补性的；③要有激情，而且这件事必须是你喜欢的。

【团队精神的本质】①相互。一滴水只有融入大海才有生命，团队中的每个人必须相互信任、相互关爱、相互包容、相互鼓励、相互支持。总之，团队不是一个人，不做个人英雄。②利他。做事总会考虑到他人的感受和利益，利他则利己。③规则。敬畏规则是团队的基石，否则大厦建在沙滩上。

【团队建设的重要性】①个人目标第一，工作指标第二；②以保障个体利益为前提，再强调团队利益；③目标可以分解，责任不可分割；④考核要量化、标准化，前提是需要结果导向文化；⑤既考核个体指标，也考核团队指标；⑥团队精神的本质是利他和责任；⑦经常举行有利于团队融合的集体活动。结论：团队建设的核心是爱与规则。

【团队管理技巧】①手机24小时开机；②当日事当日毕；③用最少的话把事说清；④承受高压；⑤相信方法总比问题多；⑥用数据说话；⑦要有多个信息源事实才清晰；⑧煽动情绪带来流量，但解决不了问题；⑨不犯同样的错误；⑩职场当战场，上级是司令。

【奖惩如何做才有用】①奖要舍得，罚要狠心；奖要奖得心花怒放，罚要罚得心惊胆战。②奖励一定是团队特别想要的，惩罚一定是团队特别痛苦的。③奖励企业慷慨给予，惩罚自己主动拟定。

【警惕团队中的八种负能量】①杀伤力最大、辐射面最广——抱怨；②最易动摇"军心"——消极；③最耐不住寂寞——浮躁；④最易演变成办公室冷暴力——冷淡；⑤最无力、最无能的表现——自卑；⑥最禁锢自身发展——妒忌；⑦盲目追求面子——攀比；⑧最易影响团队人际和谐——多疑。

第5节　企业文化

【企业文化的重要性】企业文化如同一个企业的灵魂，会在其每一个成员的精神面貌中得以体现。这种文化在企业成立的初期阶段就开始建立，受企业创始人的文化、习惯、技能、职业、好恶等影响。因此有人说，企业文化就是老板文化。如果说企业文化会成为成本，或许很多人不以为然，但事实如此。我们会发现一些企业中员工的精神萎靡，做事效率极其低下，无论多么优秀的员工，只要进入，不久要么离开，要么也会变成那样。不得不说，这是"环境"问题。而这个"环境"正是这个企业的企业文化。企业文化如同企业的生命，会伴随企业的一生，只能调整，很难重造。

【有形的企业文化】无形的文化是企业软实力的根本，有形的文化则是让企业源远流长的依据。有形企业文化的形式，如企业文化墙、标语、各种代表企业形象以及管理理念的挂图，这些都可以对企业员工形成潜移默化的影响。

【文化管理与制度管理】①没有制度的文化是乏力的，没有文化的制度是空洞的。②制度管理以"约束、激励"为主，管的是人的具体行为；文化管理是以"塑造、引导"为主，管的是人的思想道德。③文化是制度的灵魂，制度是文化的载体；文化依靠制度得以传播和执行，制度依靠文化获得认同和支持。

【如何打造学习型企业】打造学习型企业，不仅要做好企业员工培训，更为重要的是搭建企业内部社交网络平台，将企业员工的技能、经验和知识互相学习、交流共享，提高员工解决问题的能力、为客户创造价值的能力。这才是组织层面的学习型企业。

【企业如何培育工匠精神】对于企业而言，支撑其成长的是追求完美、精益求精的"工匠精神"，精髓在于专注和创新。观念是第一生产力，特别是新的价值观在当今显得更为重要。企业家的价值观必须进行根本性变革，从传统经济到新经济，首先要改变的是对资源的观念。传统经济将土地、厂房、设备作为主要资源，而新经济的主要资源是人才和数据。

【企业应打造"八大场"】①形象场（个人形象和环境文化）；②作风场（雷厉风行的执行文化）；③执行场（指哪打哪的执行惯性）；④PK场（乐于竞争的狼性文化）；⑤欢乐场（开心工作、快乐成长的团队活动）；⑥监督场（不困于情和位的立场监督）；⑦公平场（有为有位，无为让位）；⑧团结场（珍惜、感恩、敬畏的团队）。

【德国企业文化的借鉴意义】我国企业应学会德国企业最传统的东西，这比盲目学习"工业4.0"更重要。德国企业文化中总是把质量放在至高的地位，坚持对质量精益求精的工匠精神。"工业4.0"是德国国家的整体愿景，旨在支持工业领域新一代革命性技术的研发与创新。德国企业非常专注，它们在自己熟悉的领域一直坚持做深做透。

静听健谈

1. 工作要有敬畏之心

敬畏，是人类对待事物的一种态度。"敬"是严肃、认真的意思，还指做事严肃，免犯错误；"畏"指"慎，谨慎，不懈怠"。

一个企业会设置很多不同的工作内容、不同的工作岗位，每一个岗位都有不同的工作内容和职责，都需要通过各岗位员工努力工作去实现。从员工个人角度来讲，参加工作是为了创造明天更美好的生活；而岗位工作业绩的高低，又往往是评价岗位员工个人价值的标准。因此，每个企业员工都应怀有对工作岗位的敬畏之心。

敬畏工作岗位，就是要履职尽责。每个工作岗位都是个人成长的起点，也是展示个人才华的阵地，更是个人成就事业的舞台。正因为如此，每一个员工都必须常怀律己之心，常修从业之德，常克懒散之念，常思不足之处，尽力做好岗位工作。

敬畏工作岗位，就是要守岗有责、敢于担当。每个岗位都有其职责，员工必须有强烈的岗位创新意识、学习意识、服务意识、责任意识、危机意识、竞争意识。对待岗位工作不能敷衍了事、推诿躲闪，忠于职守、精益求精，把岗位工作做好，才能干出好的业绩。

敬畏自己的工作岗位，绝不是浮于言语之中，而是要拿出实际行动，认认真真、实实在在地做好岗位工作，这才是敬畏工作岗位之心。

2. 学习力就是竞争力

任何人都需要学习。学习力是一个人的竞争力，在这个充满竞争的时代，谁能够以最快的速度在最短的时间内学到新知识、获得新信息，谁就会发现新的机会。

一个人的学历代表过去，财力代表现在，只有学习力才能代表未来。太多年轻人走上社会时，好奇心、参与感、学习心、创造力还很旺盛，但当取得一些成绩、经验后，就自满自足、不思进取，不再学习和接受新事物。有的人把已有的经验当宝贝，生怕革新把命根子革没了。而有的人陷于已有的成绩、经验，这些成绩和经验反而成为他们人生的障碍和枷锁。

对一个企业来说，组织的学习力也十分重要。如果将一个企业比作一棵大树，学习力就是大树的根，也是企业的生命之源。这就是树根理论。组织的学习力是企业基业长青的保证。1970 年的世界 500 强企业到 20 世纪 80 年代，1/3 已销声匿迹，到 20 世纪末更是所剩无几。这一现象反映了大多数企业无法跟上技术和经济的革新，因而难逃被淘汰的命运。

在 21 世纪，中国本土企业尤其应该警惕学习力短缺危机。有资料显示，超过 200 年历史的企业，德国有 837 家，荷兰有 222 家，法国有 196 家。最多的是日本，有 3146 家历史超过 200 年的企业，更有 7 家企业的历史超过了 1000 年。我国现存超过 150 年历史的老店仅有 5 家，而且我国中小企业的平均寿命仅 2.5 年，集团企业平均寿命仅为 7～8 年。而欧美企业的平均寿命为 40 年。

个人之于组织，应该保持个人知识与集体智慧的互动；组织之于个人，应该引导个人的学习力汇聚到集体的学习流中，形成学习型、成长型的企业文化，实现知识的持续创新。

3. 复杂的事情简单做

事物呈现在我们面前的形态往往是复杂的，很多人容易被外界的各种乱象所迷惑，无从下手、束手无策；或者凭着自己的一股拗劲，虽然解决了问题，却走了很多弯路、花费了很大的精力，最后得不偿失。

面对复杂的事物，我们首先要静思，理清内在脉络，寻找剖析的方法，就像"庖丁解牛"一样游刃有余。这就是将复杂的事情简单做。重要的是要有化繁为简、剥茧抽丝的功夫，其中暗藏着创新的精神，关键是要找到解决问题的关键并创造性地去做；而不是无限地纠缠于现在的、固有的、没有成效的东西。法国著名哲学家、数学家、物理学家笛卡尔说过："我只会做两件事，一件是简单的事，一件是把复杂的事情变简单。"能够制造并解决复杂事物的人只能叫聪明人，而能够制造简单并把复杂的事情变简单的人才是拥有智慧的人。

当今社会，越来越多的人承载着繁重的生活压力，应该倡导复杂的事情简单做。在工作中，我们每天都面对着千头万绪的事情，如果不学会简单做事，那只会让自己徒增烦恼，工作越积越多，并时刻陷入被动之中。

遗憾的是，一些管理岗位的人员会刻意把简单的事情复杂化。他们之所以习惯于将事情搞复杂，并用复杂的方法流程解决，看起来是对事情重视，实际是在搞形式主义，将小事放大、动静搞大，无非是造声势、要面子、捞政绩，以体现自己的位置和权力；还有些人之所以将事情搞复杂，源于害怕承担责任，如为一张发票设计复杂的审批流程，是典型的"和稀泥"现象。在制度之外，我们往往会看到各种不合理的报告，要么是钻政策的空子，要么是给不合理的东西贴上合理的标签。这是执行者怕承担责任的借口，刻意将事情复杂化，消耗了大量时间和资源。在工作中，我们要遵循简洁就是效率的原则，抛弃复杂的思维、老套的方法，不要纠缠不清、争论不休，力求将复杂的事情简单做。

在管理者中广泛流传一个故事：一家国际知名日化企业和我国南方一家小日化工厂分别引进了同样的一套香皂包装生产线，但是投入使用后却发现这套设备在自动把香皂放入香皂盒的环节存在设计缺陷，每100个香皂盒中就有1~2个是空的。这样的产品投入市场肯定不行，而人工分拣的难度与成本又很高，于是，这家跨国大公司就组织技术研发队伍，耗时1个月，设计出了一套重力感应装置——当流水线上有空香皂盒经过这套感应装置时，计算机检测到香皂盒重量过轻以后，设备上的自动机械手就会把空香皂盒取走。这家公司对于自己为这台设备打的"补丁"深感得意。而我国南方这家小日化工厂根本没有研发资金与实力去开发这样的"补丁"设备，老板只甩给采购设备的员工一句话："这个问题你解决不了就给我走人！"结果，这位员工到旧货市场花30元买了一台二手电风扇放在流水线旁，当空香皂盒经过转动的风扇时，就会因为重量过轻而被吹落。问题同样解决了。

哥伦布发现新大陆返回英国后，女王设宴为他庆功。宴席上，在场的王公大臣们很想知道哥伦布是靠什么复杂的方法发现新大陆的。于是有人问哥伦布："你去寻找新大陆，采用了什么高明的方法？"哥伦布说："我的方法就是驾船一直朝一个方向走。"哥伦布的回答令包括女王在内的所有人都惊讶了。

取得成功的秘诀其实很简单，就是：复杂的事情简单做，简单的事情认真做，认真的事情重复做，重复的事情创造性做！

4. 技艺要学

像电视剧《乔家大院》里的乔致庸一样，晋商在成为"职业经理人"前，都要经过一个漫长的学徒期，一般是五年。什么叫"徒"呢？"徒"的本意就是白干活、徒劳。五年的时间就是做徒弟，只管饭吃，在大师傅旁边做最基本的工作，比如扫地，然后一点点地"偷手艺"。过去讲"偷手艺"，就是说没有人教，得自己慢慢看，看这人是不是眼尖手勤。这是逼迫人有意识地去学习，而且从最基本的事情做起。但再基本的事情如果能做到极致，你就是专家、人生的赢家。

很多电影导演都没有受过电影学院教育。周星驰也是跑龙套出身，先演小角色，再演稍微次要的角色，然后是主角，最后再做编剧、当导演，什么都干了。

从低处往高处看与从高处往低处看，看到的东西是完全不一样的。

三联书店是国内一家知名的出版社，它的两任总编辑沈昌文和董秀玉，都是从核对员开始做起的。

如果一件事情足够重要，即便成功的概率不高，你还是应该去做。

目标并非总能实现，但我们可以把它当成努力的方向。

一个人经过异常严格的训练，把注意力、能力、志趣等强制性地集中在一点上，然后以极大的热情投入其中，这样养成的素质，跟别人是完全不一样的。而很多教育完全忽略了这一点，以为只要懂得了理论，就自然能够操作事情。

把眼前做好，一切就都好了。

5. 出色的工作产生于专注

没有捕不到的猎物，就看你有没有勇气；没有做不成的事情，就看你有没有决心。

不能改变现状，就要学会生存。

与其在等待中浪费青春，不如在追逐中燃烧生命。

成功就是不懈的努力加上一点点机会。

不要花费任何的时间和体力在无意义的事情上，我们的眼睛里只有猎物。

你嗅不到今天的危险，明天或许就是你的归宿。

面子不是别人给的，而是自己通过努力得来的。

破釜沉舟,方能置之死地而后生。只要你愿意,并为之坚持到底,你总会在职场中成为自己喜欢的那个模样。

在职场中没有可以拿得出的真本领,就像是一个"花瓶",中看不中用。在职场工作中,唯有具备过硬的真本事、具有高效工作能力,才是职场发展的"敲门砖"。真正拥有过硬本领的职场人,永远被模仿,却从未被超越。所以,作为一个职场人,要想成为大家眼中的厉害角色,就应当时刻保持一颗精进的心。

一棵树,需要经过狂风暴雨的洗礼,才能成长为参天大树,让人仰视;一个人,需要经过千锤百炼,才能成大器,受到他人景仰;一个职员,只有练好内功,让自己的实力不断强大,才能奔赴"战场",胜任任何强度的工作,成为企业中的"明星"。

永远不要停下你的脚步。拥有必胜信念的人,绝不会把一时的失败当成终点,绝不会被失败所吓倒。一时的失败不算什么,也不足以摧垮我们的意志,更不能成为我们停下来的理由。相反,如果遭遇了失败,我们要更加努力地走下去。因为未来的路还很长,既然已经有了一次失败,我们更加不能懈怠。

6. 努力方式比努力更重要

努力分为两种:盲目努力和精准努力。

盲目努力的特点是没有目标、不注重效率,用战术上的勤奋掩饰战略上的懒惰,暴露出来的是认知不足问题。而精准努力的特点是目标明确、高效,是战略上深思熟虑的结果,是认知能力高的体现。

认知几乎是人和人之间的本质差别之一，认知的本质就是决定。人和人一旦产生认知差别，就会做出完全不一样的决定。而这些决定，就是人与人之间最大的区别。一个认知水平高的人，会从多角度、更客观地看问题，做出精准努力，从而注定会走得更远。

盲目努力和精准努力，两者同样努力，效果却大相径庭。

盲目努力，注定只是敝帚自珍，不会带来价值，除了感动自己，没有什么好处。懂得精准努力的人，更容易成功，获得精彩人生。

所以，努力方式比努力更重要。任何没有走心的努力，都只是看起来很努力。

7. 改变命运，首先要改变自己的内心

有一些事情，你现在不去做，以后很有可能永远也做不了。不是没时间，就是因为有时间，你才会一拖再拖，放心地让它们搁在那里，任凭风吹雨打，落上厚厚的灰尘。而你终将遗忘曾经要做的事和曾经有过的美好梦想。

改变命运，先要改变内心。想要改变自己的命运固然是件好事，但不可以只追求表面形式上的改变，应该首先改变自己的内心。只有改变了自己的内心，才能真正地改变自己的命运，否则，只能是越改变，命运越坏。

心有迷茫，也是一件好事。只有不断前进才会迷路。人生有迷茫，说明你在探索，只是暂时没有方向。坚持下去，越是迷茫，越不要轻易

放弃；迷茫越久，找到方向的可能性越大。人生的许多成功，往往就是在最困顿的时候到来的。人，不怕迷茫，就怕没有迷茫感的停滞不前。

不怕在自己的梦想里跌倒，只怕在别人的奇迹中迷路；做自己梦想的主人，不做别人奇迹的听众。没有明白的记住是可恶；没有坚持的正确是可惜；没有能力的承诺是可恨。不用经常在一起，但每次聚会都不曾陌生。只有拥有好朋友，生活才更多姿多彩。

做一件事，不管有多难，会不会有结果，这都不重要，即使失败了也无可厚非，关键是你有没有勇气解脱手脚的束缚，有没有胆量勇敢地面对。很多时候，我们不缺方法，缺的是一往无前的决心和魄力。不要在事情开始的时候畏首畏尾，不要在事情进行的时候瞻前顾后，唯有如此，一切皆有可能。

8. 相信相信的力量

人的一生为什么要努力？有一句回答非常动人："因为最痛苦的事，不是失败，是我本可以。"

生活有两大误区：一是生活给人看；二是看别人生活。只要自己觉得幸福就行，用不着向别人证明什么。千万不要光顾着看别人，而走错了自己脚下的路。

做人可以不聪明，但一定要有分寸感。每个人都要找到自己的位置，应该是你的，才是你的；不该是你的，连搭腔都不要。宁可藏拙，也不要露怯。话说得越多，反而会显得自己越浅薄。所以，人要实，话要藏，用做事的结果来征服人，而不是说服人。

对于负面评价，不要太过于在意。如果太纠结于别人怎么去看你的话，会很容易迷失，而找不到自己的人生方向。

坚持自己的无所不能，也承认自己的一无所能，这是人生应有的态度。

发现自己的错误也许不难，但坦诚地面对它并改正它，却不是人人都能做到的。出现错误并不可怕，可怕的是讳疾忌医、自欺欺人。一个人如果能够看清自己的错误，坦白承认，并且积极改正，那么在修养和事业上一定会有所成就。犯了错误不肯承认，更不会坚决地改正，这是很大的陋习。

所谓精英，首先要精力好。精力好和精力差的人，过的是两种不同的人生，有的是两种不同的未来。应该说，没有那种精力的人熬不到那个位置。精力需要管理，精力好的人，会集中能量做重要的事。

相信相信的力量：有人看到了才相信，也有人因为相信了就可以看到。意志力的关键是相信，信念更取决于相信，并且一开始就探索如何相信。

9. 知识会让你生活得充实和有趣

无论你今天要面对什么，既然走到了这一步，就坚持下去，给自己一些肯定。等到实在坚持不下去的时候，你才知道原来自己这么坚强。事实上，我们都要比自己想象中坚强。

人只有一颗心，要学会剔除记忆的垃圾，有些事记在心里，于事无补，只会乱了心性，不如忘记。路再难走，也要向前，就算身心疲惫，也不能后退。雨再大，也不能停止脚步，只要一息尚存，路永远在前方。路不通时，选择转弯，转过去，前面就是艳阳天。不管昨天、今天、明天，能豁然开朗就是美好的一天。

知识有一种作用，它可以使你生活在过去、未来和现在，使你的生活变得更充实、更有趣。这应该是知识最根本的作用。

如果一个人，无论是在平凡的岗位上还是在重要的职位上，都能秉承一种负责、敬业的精神，一种服从、诚实的态度，并表现出极强的执行能力，这样的人一定是领导者的最佳选择，也是任何一个单位领导的最优选择。

10. 人品是最硬的底牌

踏踏实实、一步一个脚印地做事，这是当前最稀缺的，也是最值得敬佩的。

如果你天天告诉自己"我真的很不错"，那么你对工作和生活就会越来越有信心。

真正乐观的人，往往都遭遇过很多不幸。所有的快乐都是越挫越勇的回报。

能把普通的工作做到高于预期，你才有更多机会去做有难度而有价值的工作。

凡事往好处想，往好处做，必有好结果。

所有的成功其实都是人的成功。保持领先和成功的关键就是比别人更用心。

团队合作不仅仅限于企业内部，也包括合作伙伴之间。合作的基石就是信任。

在工作中，有想法的人不少，但光有想法而不付诸行动，就永远不能成事。

11. 欲生存，质先行

人的善良来自干净的心底。善良是一个人最基本的品质。

想要好好地生活，就要对自己严格要求。

净眼观物，无物不净；净心对世，无世不清。

时间与健康，失去了就永远失去了。

身累，是一种充实；心累，是一种空虚。无论是主动地追求还是生活所迫，劳累都是为目标奋斗的结果，有目标并为之奋斗，这就是人生的一种充实；不管是生活的重压还是心的迷失，心累都是因为心无所依，这便是一种空虚。人，不怕身累，就怕心累。

人生所有的问题，都靠成功来解决；人生所有的成功，都靠成长来解决；人生所有的成长，都靠学习来解决；人生所有的学习，都靠自己来解决。在这变化迅猛的时代，唯有不断地学习，才能成长到成才直至成功。

怀平和之心，选择行走，走得淡定，走得从容，走得简单。没有波澜起伏，没有俗尘弥漫，一切才都是宁静的、和美的，生命流溢着快乐的甘泉，因为你拥有平和之心。

12. 所有的成功都是有原因的

有些人会问，为什么现在行动？为什么不等等呢？答案很明确：这个世界不会等你。

不切实际的空想不会真正实现，只有通过脚踏实地地努力才能达成。

所有人成功都是有原因的。当很多年轻人在抱怨自己薪酬少、级别低的时候，可否反思一下你的付出呢？

什么职业都有难处，要做到精益求精都不容易，需要大量的努力和付出。

心心在一艺，其艺必工；心心在一职，其职必举。

梦，一定是天马行空，但绝不能空虚缥缈。

不是细节决定成败，而是令人震惊的细节决定成败。当我们抱怨行动上已十分重视细节，为什么却看不到效果时，就要知道，其实我们在细节上还远远没有做到位。令人震惊的细节，是从未有人做过的细节，是超乎想象的细节，是别人知晓也无法模仿的细节。做好令人震惊的细节，才会有令人震惊的胜利。

比你优秀的人比你还拼。很多时候，当我们把自身变得更优秀时，那些困扰你的问题自然而然就解决了。所以，不要把情绪集中在那些无用且暂时无法解决的事情上，把心思集中在如何把自身变得更优秀的层面上，把眼光放远一点，你强大了，一切自然会改变。

"人生在世，你只要知道两件事：第一，这世上存在不需要学习也很聪明、不需要努力也过得很好的人；第二，如果存在，那个人也绝对不是你。"然后，你要做的就是乐观并坚持努力，让每一天的自己更出色一点。

第 6 章

生活哲思

Chapter
Six

第1节　个人成长

【人品是个人最重要的素质】 一个人既要有才，更要有德，要具有人格力量和人格魅力。一个人的人品决定了他的知名度和美誉度。一个人的人品讲究持久性和可靠性。拥有良好人品的人，他的工作态度和工作能力是受到周围的人肯定的。这样的人受他人欢迎、被他人尊重，并且为社会所需。

【告别平庸的方法】 ①每天坚持读书1小时；②坚持提升专业能力，成为单位的专业权威；③战胜两个坏毛病——拖延与抱怨；④先从形象上改变，提升自信；⑤时常反省自己，但不诋毁自己；⑥向优秀的人学习；⑦坚持早睡早起；⑧坚持体育锻炼；⑨保持微笑。

【成功没有捷径】 ①你必须把卓越转变成你身上的一个特质，最大限度地发挥你的天赋、才能、技巧，把其他所有人甩在你后面；②高标准严格要求自己，把注意力集中在那些将会改变一切的细节上；③变得卓越并不艰难，从现在开始尽自己的最大努力去做，你会发现生活将给你惊人的回报。

【富有的十大习惯】 ①坚持每天读书自学；②每天至少做30分钟的有

氧运动；③与其他同样具有成功思维的人建立人际关系；④追求自己设定的目标；⑤梦想先行，目标紧随其后；⑥避免浪费时间；⑦每天睡够7~8个小时；⑧提前起床；⑨发展多渠道收入；⑩绝不拖延。

【人生三大规划】①职业规划：以怎样的职业和技能去赚钱，去养家糊口，去成就自己的人生；②财务规划：如果你会赚钱但不会理财，仍然不会有快乐的生活；③健康规划：没有健康的身体和良好的心理状态，人生也是没有什么意义的。

【未来将被社会淘汰出局的八种人】①观念落后、知识陈旧的人；②情商低的人；③计较眼前、目光短浅的人；④技能单一、没有特长的人；⑤心灵脆弱、容易受伤的人；⑥8小时之外不学习的人；⑦对新生事物反应迟钝的人；⑧仅靠个人、单打独斗的人。

【什么人在未来更有竞争力】这是一个非常复杂的问题。但就我对未来的理解，至少不是那些什么都知道，但无法在深度和高度上落地的人！要立足于世，需善于学习，特别是将所学知识整合和运用起来，而且需要在这种整合过程中开阔自己的视野，培养敏锐性、合作精神、沟通能力和领导力。

【核心竞争力的重要性】每个人都要研究自己的核心竞争力，也就是你最具特色、最突出的优势。核心竞争力仅占1%的比重，但能起到99%的作用，决定你一生事业的发展高度。研究核心竞争力的目的，在于精心培育并不断强化，让核心竞争力发挥最大的价值。

【如何培养自信】一个人的自信心来自哪里？它来自内心的淡定与坦

然。患得患失的人，不会有开阔的心胸，不会有坦然的心境，也不会有真正的勇敢。一个人的内心有所约束，就会在行为上减少过失，能够反省自己的错误并且勇于改正，也就是儒者所倡导的真正的勇敢。

【如何学习】①一个真正善于学习的人绝不会没有未来；②只要你愿意学习，就不愁找不到老师，比自己优秀的人都是资源，包括竞争对手；③学习不是简单模仿，而是结合自身实际提升成长的半径，赢得更大的空间；④比学习方法更重要的是心态，我们必须学会谦卑。

【如何正确表达意见】①你有不同意见，可以激烈争论，但不要沦落为吵架，更不要变成人身攻击；②讨论事情，不是讨论人品，要就事论事，不要借题发挥；③意见可以截然不同，但情绪不要激动，更不要恶语伤人；④你可以不说好听的话，但要好好说话，不要胡搅蛮缠；⑤你可以保留意见，但要服从最终决定。

【如何培养沉稳的气质】①不要随便显露你的情绪；②不要逢人就诉说你的困难和遭遇；③在征询别人的意见之前，自己先思考，但不要先讲；④不要一有机会就唠叨你的不满；⑤重要的决定尽量与别人商量，最好隔一天再发布；⑥讲话时不要带有任何的慌张，走路时也是。

【优秀的人的一些特点】①始终不要忘记，每天都要坚持不断地学习和成长；②有一份喜欢并且愿意专注投入的工作；③对生命无比热爱；④做任何事情都关注到别人的感受，考虑到别人的利益；⑤努力追求成就感和荣誉感；⑥不计得失；⑦真诚、坦率、阳光的性格。

【如何成为有价值的人】①比大多数人勤奋认真；②做好每一件小事；③微笑面对任何命运的不公；④根据事情的重要程度安排时间；⑤用20天养成良好的习惯；⑥一个月至少读两本书；⑦和善待人，谨慎处事；⑧机会无大小，只有时间早晚，永远不嫌弃小机会；⑨拥有健康的身体。

【有本事的人，都不张扬】如果内心修为不够，很容易稍微做出点成绩就开始目中无人。境界越高的人，越谦逊、踏实。往往一个人的成就越大，架子反而越小。因为他们从容自信，明白自己的人生价值，清楚自己的生活方向，活得通透。他们从不张扬，却都自带光芒。

【加压与减压】①人生需要懂得自我减压：懂得放松心情，享受生活的快乐和美好，以便养足精力，更好地投入工作和学习中去。减压是为了蓄足生命的张力。②人生需要懂得自我加压：过分的安逸会使人变得懒怠，变得"弱不禁风"，经不起生活的击打。只有不断地自我加压，勇敢地挑起生活的重担，人生的步履才会迈得更坚实、更稳健、更有力。加压是为了增强生命的耐力。

【如何面对冷箭与偏见】你的背后如果中了冷箭，说明你走在他们前面；而你会被他们伤到，说明你走得不够远，还在他们的射程以内。所以，不要停下来解释自己，要证明别人是偏见，唯一的办法就是证明自己是对的。为此你需要往前走，更努力，平静而从容！

【哲理小故事】三个人出门，一人带伞，一人带拐杖，一人空手。回来时，拿伞的人湿透了，拿拐杖的人跌伤了，第三个人却好好的。原来，雨来时，有伞的人大胆地走，却被淋湿了；走泥路时，拄拐杖的人大胆地走，却常跌倒；什么都没有的人，大雨来时躲着走，路不好时小心走，反倒无事。很多时候，人不是跌倒在缺陷上，而是跌倒在优势上。

【职业箴言】①人的一生就是不断地闯入一个又一个圈子并不断争取承认的过程；②人的所有优点都要变成习惯才有价值；③命运从来都不是一种可以等到的东西，而是一件需要去完成的事情；④只有明确而具体的目标才可衡量，而只有可衡量的目标才可能达到；⑤世上没有懒惰的人，只有没有目标的人。

【人生的三种成本】人生最重要的成本有三种：时间、健康和金钱。每做一件事，都要问问自己，你需要付出哪些成本，需要付出多少，这有助于帮助你去判断一件事是否值得去做。通常，最昂贵的成本是健康，其次是时间，最后是金钱。别做损害健康的事情，没什么能比健康更重要；少做花费时间的事情，能用钱解决的事情就不要用时间；多用钱去买时间和健康，是绝对不会亏本的交易。

【把梦想拆开】生活中，人们之所以会半途而废，往往不是因为难度大，而是觉得成功离得太远。将长远目标分解为多个易于达到的阶段目标，然后再循序渐进地实现每个阶段目标，最终就能实现那个大目标。

【责任】"责任"一词在生活、工作中，时常被我们挂在嘴边，屡见不鲜。词典中对"责任"的解释是：分内应做而未做或者未做好应当为此承担的过失。责任分为三种：家庭责任、企业责任和社会责任。

【人生中最大的陷阱就是自我设限】 人生中最大的陷阱就是自我设限，我们很多时候未必做不成一件事，但如果你入场之前就否定了自己，你就再没有把事情做成的希望了。

第 2 节　人际交往

【如何有效沟通】 ①与老人沟通，不要忘了他的自尊；②与男人沟通，不要忘了他的面子；③与女人沟通，不要忘了她的情绪；④与上级沟通，不要忘了他的尊严；⑤与年轻人沟通，不要忘了他的直接；⑥与儿童沟通，不要忘了他的天真。一种态度走天下，必然处处碰壁；因人而异，才能四海通达。

【有两件事，一定是亏本的买卖】 ①发脾气，哪怕你再有理，也难免会得罪人，失去机会；②冲动下做承诺，脑子一热，就给自己找了不少吃力不讨好的麻烦。所以，在有情绪的时候管住嘴，是每个人必需的修炼。

【合作的重要性】 一个人如果想实现自己的目标，一定要选择合适的人与自己合作。在整个团队遇到困境的时候，不要随便考虑换掉自己的原有人员，而要采取其他应对策略。在与别人意见相左时，要学会去理解、尊重别人的想法，不能强迫别人接受自己的观点。如此，才更有利于目标的实现。

【成就别人就是成就自己】 成就别人确实能成就自己。可以看到很多优秀的企业家都是这么做的。比如大家所熟知的马云，他对"十八罗汉"就非常好，非常讲义气，并很大方。他每请到一位重要的人物到公司工作，无论是在股份还是在工资上，都会给得非常到位。生活中马云对朋友更是如此，非常大气。我想这一点极大地帮助了他：财散人就聚了，人心聚起来了，财富才会累积。对于企业家来说，吝啬这一点简直要命。算计、吝啬的人，事业都不会做得很大，更别提成就自己了。

【积极承担责任】①乔布斯说过，推诿责任本质就是你人生走向贬值的开始；②承担责任，就是在投资你的个人品牌，这是你人生的最大利润——信用；③一个人的成长就从学会承担责任、消灭借口开始；④有时候看似乎吃亏地承担责任，其实你是最大的赢家，吃亏是福，因为你的胸怀和格局可以承担更大的责任。

【给予是一种幸福】给别人留有余地，往往就是给自己留下生机与希望。自然界里的一切都是相互依存的。给予是一种快乐，因为给予并不是完全失去，而是一种高尚的收获；给予是一种幸福，因为给予能使你的心灵更美好。

【换位思考】换位思考是处理人际关系的一种思考方式。人与人之间要互相理解、信任，并且要学会换位思考，这是人与人之间交往的基础。互相宽容、理解，多站在别人的角度上思考，才能达到人与人的深情相待。

【吃亏是福】任何时候，不能践踏情分。主动吃亏，山不转水转，也许以后还有合作的机会，又走到一起。若一个人处处不肯吃亏，则处处必想占便宜，于是，妄想日生，骄心日盛。而一个人一旦有了骄狂的态势，难免会侵害别人的利益，于是便起纷争，在四面楚歌之中，又焉有不败之理？

【这样的朋友要深交】①激励你，让你看到自己的优点；②提醒你，让你看到自己的不足；③维护你，并在别人面前称赞你；④与你趣味相投；⑤让你身心放松；⑥让你有机会接触新观点、新事物；⑦帮助你理清工作和生活思路；⑧有好消息第一时间与你分享。

【什么是真朋友】①首要条件：坦诚，别装别演；②无所求，才可能肝胆相照；③金钱不是友谊的目的，但有困难不妨讲出来；④背后说好话、当面说坏话才是朋友；⑤互相帮助解决实际问题，价值肯定和精神支持更重要；⑥直面人走茶凉的残酷现实，互相理解，找到各自的生存之道。

第3节 处世哲学

【"糊涂"与"开悟"】有句话是"难得糊涂"，其实一个人只有活明白了，才能真正进入"糊涂"状态；凡事拿得起放得下，顺其自然。而要活明白，就需要"开悟"。"开"者，打开也；"悟"字左边是颗"心"，右边为"我"。"开悟"之意便是完全打开我的心，就顿悟了。只有打开心房，阳光才能照进来。

【坚持和放下】俗话说：坚持就是胜利。佛语云：不要执着，要放下。到底两者矛盾吗？正确的执着是通往成功的阶梯，错误的执着则是一条没有出路的死胡同。有些人艰难地往前走着，并不是因为前景灿烂，而只是因为舍不得曾经的付出——就像陷入泥潭的人，越挣扎，却陷得越深。所以，该坚持时坚持，该放下时一定要放下！

【最高的修养，是尊重别人跟你不一样】真正的修养，是一种智慧、一种情商的高级体现。有修养的人，从不对他人的生活指手画脚。他们获得尊重的方法不是去驳倒谁、战胜谁，而是用尊重换取尊重，以自由交换自由。只有你柔和了，世界才会温柔待你。

【回望与前行】人生需要沉淀，宁静方能致远；人生需要反思，常回头看看，才能在品味得失和甘苦中升华。向前看是梦想和目标，向后看是检验和修正。有多少事，如果当初回头看看，就会做得更好；有多少人，如果能回头看看，可以免去多少错误和遗憾。回头，其实身后也写着前方的路。

【成功的缘由】表面上看是日复一日的坚持，实际上是因为坚持背后的思变，是不断的试验和不同的新尝试。若是每天都做同一件事，那是低级的重复劳动。只有在生活中思考、在工作中创新，不放慢自我革新的脚步，你的坚持才有意义。别只是低头赶路，要学会在跋涉中抽空做一下自我分析，你的头脑才能保持清醒，你的坚持才终将变得美好。

【世界上有两种快乐】一种快乐是自己的功利目标达到了，比如做了官、出了名、发了财，物质生活水平因此而提高；另一种快乐是在满足个人的基本欲求后，希望自己对他人与社会有意义、有价值，就是希望被人需要——别人快乐了，自己也就快乐了。

【不出十年你就会后悔的十件事】①为了取悦他人而戴着面具生活；

②让别人来打造你的梦想；③和带有负面情绪的人为伴；④自私任性；⑤拒绝改变和成长；⑥遇到困难轻言放弃；⑦过于紧张每一件小事；⑧太容易满足；⑨无止境的拖延；⑩懒惰无力。

【成功不是衡量人生价值的最高标准】比成功更重要的，是一个人能否按自己喜欢的方式生活。做到这一点，比单纯追求某一方面的成功要困难得多。它意味着你要做出一些艰难的选择，要放弃很多别人眼中非常宝贵的东西。做自己喜欢做的事，做自己喜欢做的人，这样的人生才是真正意义上的成功。

【接纳人生的不完美】人生是由许多不完美连缀成的完美曲线，不要为曾经的错失不平，无须为远去的风景扼腕叹息。我们要知道，完美的是想象，不完美的才是生活。过去就如同一张封口照片，只可以借鉴和欣赏，却无法颠倒和重复。昨天是定型的一本书，今天是待绘的一张纸，我们不能让太多的过往挤压当下的空间。

【生活哲学】①无论多忙，留点时间读书；②允许怀疑，但更要善于信任；③善于动脑，但更要善于动手；④坦荡爱自己，但不要太自私；⑤对别人的尊重与宽容就是对自己的尊重与宽容；⑥自信与谦卑是最大的智慧；⑦自己一个人什么也干不成。

【处世哲学】①人人都有可笑之处，别光顾笑别人而忘了笑自己；②人过于刚强容易夭折，人过于柔顺则会变得软弱；③人有短处和失误在所难免，不到处张扬也是一种美德；④信誉是最好的无形资产，有信誉才能走遍天下；⑤宽容和忍让是求同存异的基础，沟通和理解是求同存异的桥梁。

【三件事不能停】①不能停止学习，学习提升气质；②不能停止美丽，美丽带来自信；③不能停止赚钱，独立受到尊重。

【三件事不能做】①不能用小聪明，会辜负很多善意；②不能用小心眼，会错过许多幸福；③不能用小固执，会让烦恼占了心窝。

【不能丢的五件东西】①追求：没有目标，你就失去了精神的信仰、奔跑的方向；②尊严：它能支撑你的脊梁，让你高傲地活着；③自信：千钧压顶何须叹，披荆斩棘向前看；④坚韧：成败皆在毫厘之间，只要是你选择的，再苦再难都要挺住；⑤知识：千金易散尽，善学是财富，唯有知识能够创造一切。

【六个"不要"】①不要在最快乐时做承诺；②不要在生气时回信息；③不要在伤心时做决定；④不要在迷茫时选择轻松的道路；⑤不要在自己做决定后把责任推到别人身上；⑥不要把眼前的幸福视为理所当然。

【感恩的能力是一种核心竞争力】表达感恩的能力不仅是社交礼仪，也是一种核心竞争力。心怀感恩的人很少妒忌他人，能更好地应对生活压力，具有更强的抵抗力。即使在困境中，他们也能发现美好的东西，其他人也会更喜欢他们。更重要的是，人们更愿意帮助那些过去一直感恩他们的人。

【学会微笑】学会微笑，你的气质会越来越好；学会适应，你的处境会越来越顺；学会理解，你的知己会越来越多；学会包容，你的生活会越来越美；学会欣赏，你的人际会越来越广；学会谦让，你的肚量会越来越大；学会善良，你的世界会越来越净。

【人生领悟】①生活的真谛在于创新，生活的理想在于远大，生活的艺术在于选择，生活的步履在于踏实，生活的乐趣在于追求，生活的安乐在于平淡。②做人可以不高尚，但不能无耻；为人可以不伟大，但不能卑鄙；头脑可以不聪明，但不能糊涂；生活可以不乐观，但不能厌世；交友可以不慷慨，但不能损人。

【丰富自己比取悦他人更有力量】不要去追一匹马，用追马的时间去种草，待到春暖花开时，就会有一批骏马任你挑选；不要去巴结一个人，用暂时没有朋友的时间去提升自己的能力，待到时机成熟时，就会有一众朋友与你同行。用人情做出来的朋友只是暂时的，用人格吸引来的朋友才是长久的。所以，丰富自己比取悦他人更有力量。

第 4 节 生活灼见

【勿贪多】每个人在路上，要想走得快、走得好，请一定要记住"贪多嚼不烂，贪多走不远"。勿贪多，生活就有了底线，人生便有了敬畏。

【时间是单行道】时间是单行道，过去了，回不来；生活是简单的，你做出选择，然后就不要回头。

【脚踏实地】所谓经历的价值和意义不是生活平白无故就能给你的，而是你自己思考出来的。人生也不是靠规划出来的，而是一步一个脚印地走出来的。能力不在脸上，本事不在嘴上。要脚踏实地做实事，生活不会因为某个节点而变得与众不同，未来的幸运都是过往努力的积攒。

【有些事你必须去做】有些事你必须去做，虽然很苦，但是你要坚持去做，多年以后你会发现，你成了不同的自己，你逐渐开始掌握自己的命运，走上了新的生活里程。

【什么是正能量】正能量就是一切予以向上和希望、促使人不断追求、让生活变得圆满幸福的动力和感情。

【成熟，是人一辈子的修养】成熟其实与年龄无关，它是一种平和而热烈的心境，是一种淡然处世的修养，是一种成熟的生活方式和为人处世的态度。

【人生有梦，让梦成真】这是大家耳熟能详的一句话。然而，我们总是怀抱着梦想，在现实生活中却被各方面的冷水逐一浇灭，甚至无法迈出实现梦想的第一步。如何让它不再只是一个口号，全看追梦人如何去圆梦。

【想想五年后你会干些什么，过什么样的生活】如果你想活出不一样的人生，做一些不一般的事，那么以五年为期，你可以为自己制定一个长期目标，并为之做出持久而坚实的努力。你需要好好思考，如何通过一点一滴的人生增量，完成个人核心竞争力的锻造。

【在走向完美的路上，可以有点不完美】"生活是一门遗憾的艺术。"这句话的言外之意是，原本就没有完美的生活。你可以追求完美，但不要因为追逐完美，而让生命留下遗憾。完美的危险在于，你一直做得好，突然有一天做得不那么优秀了，却已失去了承受挫折的能力。

【真正的失败只有一种，是你无法做到"坚持"二字】赖床、玩手机、打游戏的生活很舒服，但也绝对会伴有一事无成的焦虑。真正让你变好的那些事，比如跑步、健身、读书，开始也许很不容易，但只要坚持下来就能成长。

【人生要努力】我越来越深刻地意识到：当你真正花很多时间去努力干好一份工作、经营一个爱好时，生活自然会给予你相应的回报。如果还没有，那就表示你努力得还不够，时机未到。

【生活要有目标】盲目的行动只会带来茫然的结果。托尔斯泰说，一个人要有生活目标，一辈子的目标，一段时期的目标，一个阶段的目标，一年的目标，一个月的目标，一个星期的目标，一天的目标，一个小时的目标，一分钟的目标。目标不是约束我们的生活，而是为了让我们不在生活的浪潮里迷失自己。

【学习有四个境界】人的竞争力从本质上讲，来自品格力、思想力、行动力和学习力。而学习力是持续竞争力，分四个阶段：①认知——记住你所学的，并理解它的意思；②领悟——在生活、思考以及深入学习中，对知识有感悟；③做到——在生活中具体运用知识；④得到——持续做，坚持做，最终获得好结果。

【每个人都是通过自己的努力，去决定生活的样子】生活再苦，别人也没法替你分担；想要的东西，别人也不会主动送到你手上。这世上从来没有捷径，你想得到就要付出，泪水和抱怨永远解决不了问题。

【拥有兴趣爱好，你才能成为一个有趣的人】培养高尚的情操与情怀，拥有健康积极的兴趣爱好，你的人生一定会更加精彩。兴趣与爱好是突显一个人良好精神生活的重要因素，也是一个人合理利用时间的价值取向。

【优秀的人和平庸的人最大的区别在哪】我认为是两个字：习惯。优秀的人，你会发现他拥有一个良性循环，照着这个规律走下去，他只会越来越优秀；而平庸的人，无论做什么事，都周而复始地处于一个恶性循环，一件事做不好，百件事都做不好。如何跳出这个坑，是一个人脱离平庸的关键。

【证明你真正富有的八个元素，其中七个与金钱无关】①内在生活；②健康；③家庭生活；④职业/事业；⑤财务自由；⑥人脉；⑦阅历；⑧影响他人。

【对生活的理解】你对生活理解的深浅程度，取决于你对年轻人的慈爱、对老年人的同情、对抗争者的怜悯、对弱者和强者的宽容。因为有一天，你也会有和他们相同的经历。

【凡事看开点】生活中难免出现忧愁，只要你保持乐观的心态，拥有豁达的心境，凡事看开点，忧愁即会"烟消云散"。所以，遇到紧急之事，要淡定；遇到为难之事，要清醒；遇到气愤之事，要想得开、放得下。不生气，不找气，不发火，不急躁。

【所谓的生活品质】生活品质就是在有限的条件下，能清楚衡量自己有限的能力与条件，进一步追求更好的事物与生活，能用良好的心态看待一切事物，过好自己想要的生活，让自己心灵丰盈。这就是自己对生活品质的态度和认可。

【生命中最重要的事情是什么】如果我们问一个正处于极度饥饿中的人，他的答案一定是"食物"；如果我们问一个快要冻死的人，他的答案一定是"温暖"；如果我们拿同样的问题问一个寂寞孤独的人，那答案可能就是"他人的陪伴"了。当这些基本需求都获得满足后，是否还有些东西是每一个人都需要的呢？当然，每一个人都需要食物和温暖，每一个人都需要爱与关怀。不过除了这些以外，还有一些东西是人人需要的，那就是明白我们是谁以及我们为何会在这里。

【不断修正自己】①无论是对是错，你需要有一个准则，你的行为应该遵循这个准则，并根据现实生活不断地修正；②反反复复、优柔寡断的人，是不可能讨人喜欢的；③在对错之间徘徊的人，形象不如从错到对的人正面。

【安慰自己的十句温馨话】①最重要的是今天的心；②别总是自己跟自己过不去；③用心做自己该做的事；④不要过于计较别人的评价；⑤每个人都有自己的活法；⑥喜欢自己才会拥抱生活；⑦不必一味讨好别人；⑧木已成舟便顺其自然；⑨不妨暂时丢开烦心事；⑩自己感觉幸福就是幸福。

【人生需要历练】导航再好，给的是方向，代替不了车；导师再好，给的是引领，代替不了你自己；平台再好，给的是机会，如果不好好珍惜，也是白白浪费。脚下的路，没人替你决定方向；心中的梦，没人替你追求实现。风吹雨打知生活，苦尽甘来懂人生。人生就是一种历练，没有等来的辉煌，只有拼来的精彩！

静听健谈

1. 自信使你的人生更精彩

自信对一个人而言极其重要。没有自信,相当于自己击败自己。一个人如果没有自信,什么事情都不会做好。

每个人都希望自己的人生有很大成就、很大发展,然而这需要我们不断地在逆境中磨炼自己,培养自己的能力,完善自己的性格。

没有经历过失败的一生,是不完整的一生,是不成熟的一生。失败使你的人生更精彩。

我们的价值不在于外面的评价,而在我们给自己的定位。每一个人的价值都是绝对的。

人应该坚定自己的信念:远方并不遥远,它就在你的眼前和脚下,需要你有抬头的勇气和向前走的力量。坚守自己的路和方向,直至成功。

很多时候,人们都是在犹豫中与机会错过,而有的东西一旦错过就不可能再找回了。坐等幸运从前门进来的人,往往忽略了从后窗进入的机会。

不管你的目标是什么,一定要付出相当的代价才能达到目标。

面对无法改变的事实，不要紧，我们可以改变态度；面对无法改变的过去和无法预知的未来，不要紧，我们可以改变现在。

掌握自己的人生，只管去做。无论你幻想什么，想得到什么，先做了再说。

人生应该是幸福、快乐的，而幸福、快乐来源于奋斗，来源于自身的努力和追求，来源于一个又一个的成功。

2．成功就是比别人多付出一点

成功与失败之间其实几乎没有差别。成功与失败之间的差别就是，成功比失败多那么一点东西，这一点就是你的付出。

有记者问科比："你为什么如此成功？"科比反问记者："你知道洛杉矶凌晨4点的样子吗？"记者摇摇头。科比说："我知道每一天凌晨4点洛杉矶的样子。"

成功没有其他原因，成功就是比别人多付出一点。成功不是太难的东西，只要你愿意探索多一点，你离成功就很近了。当接受每一个任务的时候，如果你愿意比别人多付出一点，那么你最终就会成功。

成功的大小和你的能力大小以及你倾注的超出常人心血的程度成正比。

成功源于希望。希望是一个人怀着的愿望，盼望能够获得所期望的东西，并且相信自己是能够获得它的。一个人对自己所期望的东西能够有意识地做出反应，而他的下意识会主动暗示他产生心理力量，这种内在的驱动力就能引起行动。这就是希望的作用。

成功就是比别人多付出一点，但多付出不是乱付出，这种付出源于你对工作的专注，而这种专注建立在"你认为你行，你就行"的基础上。

3. 人生，总在得失之间

不要总是盯着眼前，要着眼于未来，这样你才会不断地走向成功。

向自己的目标飞奔的人，才是美好生活的播种者。

只要尽力了，无论结果如何，都是时间给我们的最好答案。

如果一个人已经尽其所能，即使没有做好或没有成功，也不要责备他。如果一件事你不知道是否属实，不要轻易告诉别人。不要做你没有把握的事，但一定要遵守诺言。

如果太在乎所谓的名利、成败，我们就没办法让自己走得更远。

人生不能只求进而忘了必要的退，进退之间是一种哲学；人生不能只求得而忘了必要的失，得失之间是一种境界。

世人总以为天下什么都可以得到：得江山，得财富，得佳偶，却不知失远远大于得。七十二行，能择几行？天下美景，能览几处？

人的价值，没有贫富，只有丰富。

通往智慧的成功之路，说出来十分简单：犯错、犯错、再犯错，但是错误越来越少。

世界上最浪费时间的三件事：担心、责怪和评判他人。

习惯这东西有点像脂肪，当你发现它的时候，它已经毫不客气地与你形影不离了。

在一个崇高目标的支持下，不停地工作，即使慢，也一定会获得成功。

只有稀缺的技术，没有稀缺的工作。

虽然我们无法改变人生，但可以改变人生观；虽然我们无法改变环境，但可以改变心境。

4．人生，就是一场与自己的较量

人，只有一生，追逐太多欲望，只会身心疲惫。幸福，来自心灵的满足；快乐，来自精神的富有。

想让自己对这个世界还有点用，就需要不断学习、提升自己。因为知识正在以前所未有的速度过时，但学习能力可以抵御这种巨变，让你时刻保持一个新鲜人的活力，永不过时。

凡事多想一步、多做一层，看似是在为他人着想，实则是在成就自己。因为在这个过程中，你已经走在了别人前面，获得了对整个局面的最大控制权。每次比别人多迈出的那一小步，总和起来，就是人生制胜的一大步。

一个人幸运的前提，是他有能力改变自己。

5. 人生最好的保鲜就是不断进步

一个人比你优秀，你尽可放心与他交往，因为优秀的人散发正能量；一个人比你有德行，你尽量与他成为一个团队，因为厚德载物；一个人比你有智慧，你尽可安心与他同行，相信智慧能照亮未来；一个人的生命比你有质量，你可用心与他成为知己，自己的生命才会更有高度与深度！

有人说最好的状态就是随遇而安，遇事不急不躁，该有主心骨的时候能镇得住场，不该有的时候能心安理得躲一旁不多话，有思想、有理想、有理性。人生最好的状态就是有学习的热情和动力，每天都在进步，但不再期待别人的夸奖！

尽管没人感激过你的善良，但你依然要选择做一个内心善良的人。选择做什么样的人，是为了自己，不是因为别人。你外表的善良，取决于你面对的那个人；你内心的善良，其实取决于你自己。

读书并不能让人一夜暴富，为什么还要读？不读书，世界就像纸一样单薄。而读书的人，则能从每本书里看到世界的不同侧面，学识与情感都在阅读中自然丰厚。读书，正是为了遇见更好的自己。

有人说一个人的气质并不在容颜和身材，而是所经历过的往事，内在留下的印迹令人深沉而安谧。优雅不是装扮出来的，而是一种阅历的凝聚；淡然不是伪装出来的，而是一段人生的沉淀。

阅读人心是一门学问，不会阅读的人读的是人的表面现象，而会阅读的人读的是人的内在本质。

人生最好的保鲜就是不断进步，让自己成为一个更好和更值得爱的人。

6. 知与思

绝望是习惯，希望是创新。

金钱并不会让人进步，梦想才会。

生命，怎么生，何时生，谁也无法选择；生活，如何活得充实，怎样活出精彩，全由自己主宰。

平凡人生，有些事首先不是做不做得到，而是想没想；有为人生，有些事首先不是做不做得好，而是做没做。

快乐取决于我们的心态，而非"赞赏、自尊、社会认同"，甚至后者越多，有时候越容易失去自我。

没有规划的努力，是在瞎忙；没有规划的休息，只能变懒。

人的一生，应该记住三个字：上、止、正。首先，人生在世，一定要有一点奋进的心态；其次，人生要有向"上"的勇气，却也要有"止"的心态与智慧；最后，在"止"上面加一横，这就是"正"。这一横是约束，是底线，是生而为人就不能突破的良知。中国人常讲，慎独。

一个人到底有多自律，给他一点自由就知道了。

这世上所有的误会都来自不理解，所有的矛盾都来自不沟通，所有的过错都来自不相信。

不管多险峻的高山，总会给勇敢的人留下攀登的路。只要你肯迈步，路就会在你脚下延伸。

7. 聪明是生存能力，智慧是生存境界

有些人是完美主义者，总在追求完美无缺的东西。其实，他们活得很累，所谓生活的压力、忧郁症等大多来自这种对完美的无止境追求。

聪明是一种生存能力，智慧则是一种生存境界。现实生活中，不吃亏的是聪明人，而能吃亏的是智者。

欲望不是我们的敌人，虚伪才是。行走在无常的生命之流中，最要紧的，也许不是选择哪条路，而是你能在那条路上坚持多久。

和不一样的人在一起，就会有不一样的人生。在现实生活中，你和谁在一起的确很重要，甚至能改变你的成长轨迹，决定你的人生成败。和什么样的人在一起，就会有什么样的人生。和勤奋的人在一起，你不会懒惰；和积极的人在一起，你不会消沉；与智者同行，你会不同凡响；与高人为伍，你能登上巅峰。科学家认为："人是唯一能接受暗示的动物。"

几乎所有的人都知道成功的方法，只不过只有成功者是真正去做了。

生命长与短只有一次，生活悲与欢都在继续，人生起与伏都在旅

途，俯身做事，善心做人。

8. 学会简单，其实真不简单

拥有，不一定很开心，因为还可能失去；失去，不一定要伤心，因为还可能拥有。

如果你做的事情毫不费力，那就是在浪费时间。

属于自己的风景，从来不曾错过；不是自己的风景，永远只是路过。天地太大，人太渺小，不是每一道亮丽的风景都能拥有。

人生最好的回忆就是走好现在。

每个人都在争取一个完满的人生，然而，世界上没有绝对完满的东西。太阳升到正中，马上就会偏西；月圆，马上就会月亏。所以，有缺憾才是恒久，不完满才叫人生。其实，最好的境界就是花未开全，月未圆。肯低头，就永远不会撞门；肯让步，就永远不会退步。求缺的人，才有满足感；惜福的人，才有幸福感。

在拒绝这件事上，越简单越好。别明明是别人请求自己帮忙，解释半天，反而变成自己亏欠了别人的感觉。帮得上，想帮就帮；帮不上，就拒绝。人际交往，简单明了有时最恰当；懂得拒绝，活得不纠结。

一生能有多少属于我们自己的好时光？时光不会因你而停留，你却会随着光阴而老去。人生其实很短暂，百年一瞬间，世事难预料。看看每一天的日升日落，那是自然给予生命的美好馈赠。爱惜自己，珍爱生活，给别人多一份理解和博爱，活着，就好好活。在平凡的日子里，在安静的生活中,且行且珍惜。

"放下"并不是"放弃",它们的本质不一样,结果也不一样。"放下"是一个人寻找机会成长;"放弃"则表明一个人寻找地方逃避。"放下"是因为看到自己高于事情,因而放下事情;"放弃"是因为不能放下事情,最终只好放弃自己。智者懂得放下,愚者只会放弃。

大道理是极简单的,简单到一两句话就能说明白。世间琐事难就难在简单。简单不是敷衍了事,也不是单纯幼稚,而是最高级别的智慧,是成熟睿智的表现。完美的常常是简单的,学会简单,其实真不简单。

为什么要每天都跑步?为什么每天都会写点东西?为什么睡前都要看书?……因为大多数人都没有每天能坚持的东西,所以任何一种坚持都能区分别人和自己。

不要陷入与别人的不断比较之中,不要因为别人扰乱了自己的步调。每个人都有自己的机遇和福分,也会遭遇自己的坎坷和波折,不要拿别人的成就、荣耀与自己比,不要盲目追随、模仿别人的生活方式而忘记了自己的初衷和追求。多倾听自己的内心,多思考自己的需要,走自己的路,过自己的人生。

遇事先责备别人,不顺先埋怨条件,这是一种消极被动的人生态度,是一种缺乏担当的表现。埋怨于事无补,只会让你看不清自己的问题,意识不到自己的错误。聪明的人会懂得先反省自己,从自己身上找答案。只有用这种积极的态度去面对生活中遇到的问题,才能够让你汲取教训、增长经验,让你在今后的生活中越过越顺利。

9. 道理是直的，但道路经常是弯的

每个人都应该学会生活，只有会享受生活的人才会创造更加光彩绚丽的生活。享受生活，就是用心去感受生活的点点滴滴，用心去领悟生活中的喜怒哀乐。人生最好的生活方式，就是一边计划未来，一边享受现在。

时间可以积累，也可以浪费。你用时间做什么事，你就会成为什么样的人。一个人用闲暇的时间做什么事，决定了他实现梦想的速度。

生活中没有失败者，只有停留在起点的人。生活中不是每一天都美好，而每一天都有美好之处。

理想就像一张邮票，你把它贴到哪儿，它就能把你带到哪儿。只有一个办法能让你成就所有的事情，那就是付出你的所有。

人最可怕的不是不知道自己的缺点是什么，而是不知道自己的潜能到底有多大。

再高的人有时也需要踮足，再矮的人有时也需要屈身。

你生活在别人的眼神里，就迷失在自己的心路上。没有一幅画是不被别人评价的。

如果我们没有得到正确答案，那可能是因为我们问错了问题。

在很多时候，我们确实需要牺牲眼前的快乐、忍受一时的痛苦，去换取未来目标的实现。

我们应该尝试新事物，但不要想着尝试一切。如果你整天都与科技打交道，可能会连自己都不认识了。试着把手机放下，去林中徒步吧！

从一个人干小事的习惯和思路，可以窥视其能否干成大事。

生活中一切美好的事情都是选择了爱的结果，爱即是我们与生俱来的欢乐、希望和对精神上追求所持的认可态度。

无论在什么工作岗位上，都要选择好好发光。

道理是直的，但道路经常是弯的。当遇到困难时，我们要寻找自己能够行得通的路；当我们不能改变环境时，请适应环境，提升自己的实力；当我们能够改变环境时，就改变环境，并改变自己。

坚定地成为自己，学会爱你周围的人，学会爱这个世界。这就是你每日要对自己说的话。

10. 宽心做人，舍得做事

人生中的快乐哪里找呢？信仰里有快乐，修行里有快乐，服务里有快乐，静心里有快乐。心无所求，心想他人，快乐就在我们的心里！做人，简单就好；生活，宁静就好。无事此心不空，有事此心不乱。

想开了、看开了、放下了，一切都会过去的。

人必须优秀到足够的高度，你的故事才可以震撼众人。

人只有找对了自己的位置，才能发挥最大的作用。因为很多时候，不是你不行，而是你站错了地方。所以，选择你的优势，找准你的人生定位，一个人不能同时坐在两把椅子上。

生活对于我们来说没有什么公平不公平，人生风雨路，只要我们的心态平和、心思简单、心境明朗，相信明天的阳光依旧会照射进岁月里，在路上与你温柔同行。

人间世事，皆为心灵。心之舒展，人之宁静；心之躁动，人之不安；修养身心，人之灵境。

11. 生活中的"断、舍、离"

"断、舍、离"是什么？

断——断绝不需要的东西。

舍——舍弃多余的废物。

离——脱离对事物的执着。

"断、舍、离"鼓励人们重新审视自己与事物的关系，从关注事物转换为关注自我——我不需要。一旦开始思考，并致力于将身边所有"不需要、不适合、不舒服"的东西替换为"需要、适合、舒服"的东西，就能让环境变得清爽，也会由此改善心灵环境，从外在到内在彻底焕然一新。

总之，不要放不下，不念过往、不负未来，着眼当下，享受自己最本质的精神层次。该扔就扔吧，让我们"淡泊明志，宁静致远"。

12. 没有行动的目标，永远是梦想

一个人一定要有自己的专长，要有别人没法拿走的东西，这很重要。

别想那么多，你只要记住，任何人用十年时间，全神贯注、心无旁骛地做一件事，都会成为人才。

做最好的自己，就是做好自己最擅长的一件事情，而专注坚持到极致，就是人生最大的价值！现实生活中，很多人感到生活的艰难，却一味向外求索，不仅一无所得，而且身心疲惫。到最后你才发现，只有你自己才是你最大的价值。

对待人生过程中的每一件事都不要敷衍，一旦有了懈怠的情绪，注定与成功无缘。

但凡做出一番惊天伟业的人，都有"稳、准、狠"的特质。

打败敌人，先要战胜自己。

没有行动的目标，永远是梦想。

后　记

2020年春节注定将载入人类的史册。这个春节，每一个中国人过得都不容易，因为，爆发了史无前例的新型冠状（简称"新冠肺炎"）病毒肺炎，于春节前后在960万平方公里土地上迅速蔓延。

一

2020年1月18日傍晚，84岁的钟南山院士义无反顾地赶往武汉防疫最前线，几天后，宣布新型冠状病毒肺炎会"人传人"。真正的专家有自己的立场，在国家、行业、领域遇到困难的时候，他们有能力、有担当，替整个国家、行业做出思考并指明方向。

2020年1月23日注定是一个令人永生难忘的日子。我早上6点醒来看微信，赫然发现武汉在上午10点要"封城"(这是新中国成立以来，第一个封城的城市)。封城原因是新型冠状病毒引发的肺炎疫情的扩散。突如其来的疫情导致武汉封城，导致武汉一下子成为全国关注的中心。

2020年2月2日，是千年一遇的"对称日"，原本寓意"加倍爱你"的一天，因为疫情又多了一层珍惜的含义。原本大家觉得这是一个特别的日子，现在只希望它像往日一样普通。2020年的春节，是一个不一样的春节，延长假期的阵仗，大家都是第一次见。

今天，窗外阳光明媚，而我们只能静静地待在家中不出门，全国人民共同抗击肺炎疫情。因为，有效减少人员聚集，可阻断疫情传播，更好地保障人民群众的生命和身体健康。

这个春节,我们都戴着口罩,都静坐在家中,这是全民族的一次契机,一个扭转大局的契机!全民族静下来,是一个国家开始进入深度思维的启示。病毒疫情在春节前的突然爆发,并不是偶然事件,这是大自然给我们敲响的一记警钟。现在的很多疾病,一部分是污染造成的,还有一部分是吃出来的。每个人都请认真地进行自省,审视自己的饮食习惯,审视自己的生活方式,审视自己对万物、对生命的态度。

有时候,严格的自律是良性循环的开始。

二

2020年2月7日,李文亮医生因新型冠状病毒肺炎去世,年仅34岁。此前,李文亮是武汉市中心医院的一名眼科医生,因于2019年12月30日向同学们发出防护预警,而被称为新型冠状病毒肺炎疫情的"吹哨人"。

奇迹终究未能发生,李文亮医生还是走了。重症室里穷尽一切可能的奋力抢救,网上无数网友的牵挂和祈祷,还是没能留住这个年轻的生命。寒风萧萧,江水滔滔,带去人们的无尽哀思。

世界卫生组织:"我们沉痛悼念李文亮医生的去世。我们所有人都应该向他应对肺炎疫情的所作所为致敬。"

疫情吹哨人在暗夜里唤醒了众生,自己却没有看见黎明。

这不只是一个人的离去,这是历史留下的一个印记。

或许我们应该懂得,有时候一些光会熄灭,然后,另一些光会被点亮。

勇气是我们生命当中最鲜艳的一抹原色,很多的文字都在赞美着勇气。莎士比亚说:"有德必有勇,正直的人绝不胆怯。"试想一下,如果历史失去了勇气,那将失去改写的英雄;如果人生失去了勇气,那很多日子就会变得苍白无力。

我们不知道,此时此刻,可有人心怀内疚,可有人深感自责;我们不知道,他拯救过多少生命,心中是否还留有遗憾。但我们知道,此时此刻,他把自己最珍贵的都留给了这个世界。这个世界正在倾听。他是为众人抱薪者,我们将永远记得他给这个世界的温暖。大爱无声,这是最高尚的墓志铭,这是最美丽的赞美诗。

人的言论,承载着自己过去、现在和未来。所以规范你的言论,是你一生的任务之一。你可以不讲话,但不要说假话。

三

对于很多在过去一两年已经处于水深火热、垂死挣扎的企业,估计 2020 年将是日子更难过的一年。

公正地说,中央政府对"新冠肺炎"疫情的反应速度和反应能力,都快于、强于 2003 年"非典"时期。当"新冠肺炎"肆虐,使得当我们的政府和我们的企业面前都只有一条生路时,其实一切就开始变得简单:我们除了咬紧牙拼死冲过去,除了无论如何都要活下去,没有其他选择!

"新冠肺炎"这一仗,我们必须赢,也一定会赢!

四

2020 年没法重启,时间还在继续,希望大家能记住,记住一切不容易,珍惜身边人,努力过好每一天。

什么是希望？我希望我们当下所正在经历的一切而得出的经验教训比钻石还要珍贵。

人总会高估自己的表现，出了问题都不认为是自己的责任，甚至自己不仅什么都没有做错，而且可以说还干得相当不错！那么，谁都没有错，事情怎么错了呢？所以，我们需要的文化，是不管遇到什么问题，每个人都认为是"我"的责任，谁在现场，谁就承担责任。

在一切变好之前，我们总要经历一些不开心的日子，这段日子也许很长，也许只是一觉醒来。一切好的事物，都值得等待。

和阳光对话，感受光明、温暖、向上、力量。如果你是阳光的朋友，就会有着红润健康的面庞和明亮清朗的心境。

别辜负每一个当下，明天不会比今天更轻松。

只有筋疲力尽地过，那个无惧的我才能诞生！

能让你精致的，是知识、努力和爱。

个人免疫力，才是一个人最大的职场竞争力。职业是一场马拉松，只要身体扛得住，未来都是你的。

勤，改变命运；善，改变人生。勤快的人，必有好运；善良的人，必有好福。生活中，一个既勤奋又善良的人方能走得正，行得远。

可以相信所有的美好，都会随春风款款而来。人生之所以美好，是因为它不总是晴空万里，也不总是困难重重。

无论这个世界怎样对你，都请你一如既往地努力、勇敢和充满希望。

所有美好，都不负归期。选一种姿态让自己活得无可替代，没有所谓的运气，只有绝对的努力。

总结过去，比开创未来重要百倍。因为如果不对过去做一个彻底的总结，你就永远无法走出过去，也不能走好未来！

请你坚信，没有一个冬天不可逾越，因为没有一个春天不会到来。

我的人生感悟是：把你的知识变成能力，把你的经历变成财富。年轻人且珍惜，聪明人且努力，成功者且前行！这也是我每天坚持努力的动力。

最后，感谢国装智库秘书长、坚持创新学院院长周永亮博士为本书作序！感谢机械工业出版社陈海娟副社长和刘怡丹编辑的支持，本书得以面世包含着出版者辛勤的劳动，在此致谢！

感谢"读书见你"读书群小伙伴们的支持和鼓励！我们一路走来，也坚信未来会一路读写人生。

感谢西安交通大学上海研究院教育培训中心主任张丽娜老师和团队的支持！

本书的完成历时三年，数易书稿。

希望本书对所有阅读者有所帮助，感谢你们多年来的一直陪伴。

由于作者水平有限，书中难免有不足之处，敬请读者谅解和批评指正。

读者朋友，到了要和你们说再见时，我有些依依不舍。

感谢你们，让我在读书和写书的世界中遇到了你们，也遇到了一个更好的自己！

后会有期。

唐崇健

2020年2月初于上海

读书见你，再见你

利信国际（香港）有限公司　苗亚梅

"读书见你"读书群，是于 2013 年年底一时兴起，在我的中学同学、大学同学以及社会朋友中召集起来的。之前我也参加了几个大群，当时的感悟是，所有的群刚开始时都比较有新鲜感，成员们叽叽喳喳地说个不停，但是后来都容易慢慢沉寂：没有什么大家共同探讨的主题，且每个人都是来倾诉的，也不太关注别人的意见，所以实际上也没什么实质的交流，基本流于表面。从学习方面来说，因大家年纪相仿，该懂的人生道理其实都懂得差不多了，再研究大道理，也是收益不大，所以就想一起找一个共同的切入点，从不同视角互相交流学习。

出于这个宗旨，我们就先列了一个章程框架，要求一起读几本相同的书，然后各自写出读书笔记，多少字数都行，旨在用文字表达出自己的想法，来与群里的读书伙伴们分享交流。这种类似大学内研究讨论型的方式，是为了让朋友们深度交流，从别人的眼睛里看到自己。

视角和包容或者是这些年来一起同读同写带给我们最大的收获。

作为发起人，在我们发出章程后，召集了 10 多个小伙伴。由于必须写作并且交作业，后来也退出了几个。从读到写，这件看起来简单的事情，坚持下去还是不容易的，因为写的背后，是读过好多本书的沉淀来支撑的，且都是用工作之余的时间。

在每个阶段，我都会情不自禁地履新一下读书小伙伴们。毕竟时间在向前，小伙伴们也在向前，每个阶段都会有些东西在更新，或者有的人快了,有的人慢了,但是不管什么节奏,"读书见你"还是坚持了到今天,大家的梦想和追求都没有放弃。

小伙伴们过去和今天,都怎么样了呢?

曹惊雷和潘泳,她们是从中学至今的"好闺蜜",一个是领导干部,一个是大学教授,在忙碌的工作之余,写公文也好,写读书笔记也好,都是她俩信手拈来的事情。两位知性美女的敏锐视角、广阔思维以及社会同理心,都让我们佩服万分。她们活跃在群中,时不时给大家分享一些特别的时事新闻,让我们不用去自己发现,就能看到最热门、最前沿的政策或者诸多影响国内外的大事。

刘丹,现在常年在美国,她的事业一部分搬到了美国,国际化了。这样我们的"福利"更好了,国际信息、来自美国的最热门的消息,我们经常最先获取。她可能是群里最勤快的作者了,对每本书都认真地写了笔记跟大家分享。她的认真和承诺,这种优秀令人欣赏。

会长李文慧,充满激情和好奇心,这让她一直保持着少女般的状态:心不会老,人就不会老,偶尔发送调皮的表情和语气,让我们记忆深刻。随着岁月的沉淀,她对自己、对社会的感悟也越来越多,时不时探讨的问题都让我们思考感悟良多。历史问题她最在行,无论大事件还是小细节,她都不放过,要仔仔细细地琢磨个透。

刘宏伟和谭庆彬,都是中国人民公安大学毕业的,一直从事着他们从毕业就开始的工作——政府领导部门以及公安战线。近30年公职机关工作的经历,让他们的社会体悟更上一层楼,同时,在繁忙的工作之余,他们坚持读书,兼顾了艺术和生活。在50岁后的今天,对生活的感悟,让他们在工作闲暇,也更加热爱生活。

刁成路,从大学毕业就从事律师工作至今,现在也是名大律师了。

他从未改过初心,写出来的文章如同他的思维和逻辑,完美大气、认真细致。

黄唯赞和黎岚,作为后期加入的群员,一位是律师,一位是金融投资师。他们同样有着对社会以及生活的敏锐触角,洋洋洒洒的文章,让我们的心灵不时被触动,尤其是对生活的感悟,更是让我们津津有味、收获颇多。

唐崇健,一直活跃在电缆行业,作为一名专家型的企业家,他一生致力于电缆技术和电缆研究,用工匠精神让自己的专业不断完美、不断创新。读书写作是他工作之余的一种生活方式,一直在路上,一直在远方,也一直在向前。

提起唐崇建,不得不说,他的高度让我们的"读书见你"这个品牌更上一层楼。想起之前我第一次见到唐总,就被他每天一早"煲"的心灵鸡汤所吸引,且很多朋友还经常引用他的语录,作为激励和分享。我曾经一度怀疑:天天"煲鸡汤",有那么多新材料吗? 其实这是我多虑了,唐总一直用他的善良和同理心,积累生活点滴,笔耕不辍地坚持。不管是我们知道或者不知道的,他都在用心地生活,为自己,也为家人和朋友们……

当然,"读书见你"群的小伙伴们,不仅仅是云端交流,生活中也是接地气地来来往往,天南地北,每聚一次感情也深一层。每次见面,大家就像是中学的男生女生们,刹那间都年轻活泼了,在一起热热闹闹地畅想着"读书见你"的未来,仿佛还在校园内,只有书与字、只有远方和梦想……

由于大家都写读书笔记,所以每两年,我们会出一本读书笔记合集,便于大家随时翻看和收藏,且时间长了,要收集在一起才能更好地回味我们曾经的心得体会。有时候大家都很惊讶于自己几年前写出的东西，因为时间在向前，当时的心境可能都跟今天不一样了，但是每每翻看之前的笔记，都会被自己或者小伙伴们当时的文字所感动。因为，文字跳跃在昨天，但也闪亮在今天，或许还能照耀到明天。

作为"读书见你"的群主，我衷心感谢各位小伙伴在一起的相伴相知。人都是生来疑惑，也是在疑惑和思考中度过一生的。让我们一起记录自己的疑惑，记录自己的思考，这是我们的一种缘分，也是一种如同每天的运动、吃饭和呼吸一样的生活方式。

"除了音乐，书是最好的沉默，独自一人，却回声。"

读书与远方，读书与我们。读书见你，再见你……